よく きいてね

指導の展開

①教室の椅子にこしかけ、またはすわって、または寝たままで、教師を注視するように声をかけてかかわったり、だっこしたり、おんぶしたりして、子どもとのかかわりを強めながら、教師の言葉に注意することができるようにしていきます。

②1ページから指導するのですが「この本の使い方」のところに書いたように、実物（本・ハンカチ・人間の体の部分・子どもの体の目や手や足や耳など）を見せながら、選び識別させる指導をして、しだいに半具体的である絵を音声を聞いて弁別できるように指導していきます。

③信号はカット的さし絵なのでとくに扱いません。28ページの展開の途中で活用します。

どれかな①

指導の展開

①子どもを外に連れ出すこと、いわゆる散歩という学習活動は、障害のある子どもにも普通学級の子どもにも授業としてとり入れられています。子どもたちには信号や草花や木の花を見せたり、虫を見つけさせたり、お日さま、空、雲、風などを意識的に体験させるようにします。

「あら、大きな木ね。これは木よ。ほら花が咲いているよ!!」

と感動的に話しかけます。

「これは、小さな木。こっちの木は大きいね。」

「ほら、木がゆれている。風でゆれているね。」

などと「き」という発音を子どもたちの耳にたくさん入れるようにします。

②「木を手でさわってみよう。」と言って、動作をまねさせ「手」を意識させます。

「先生の手は大きいよ。

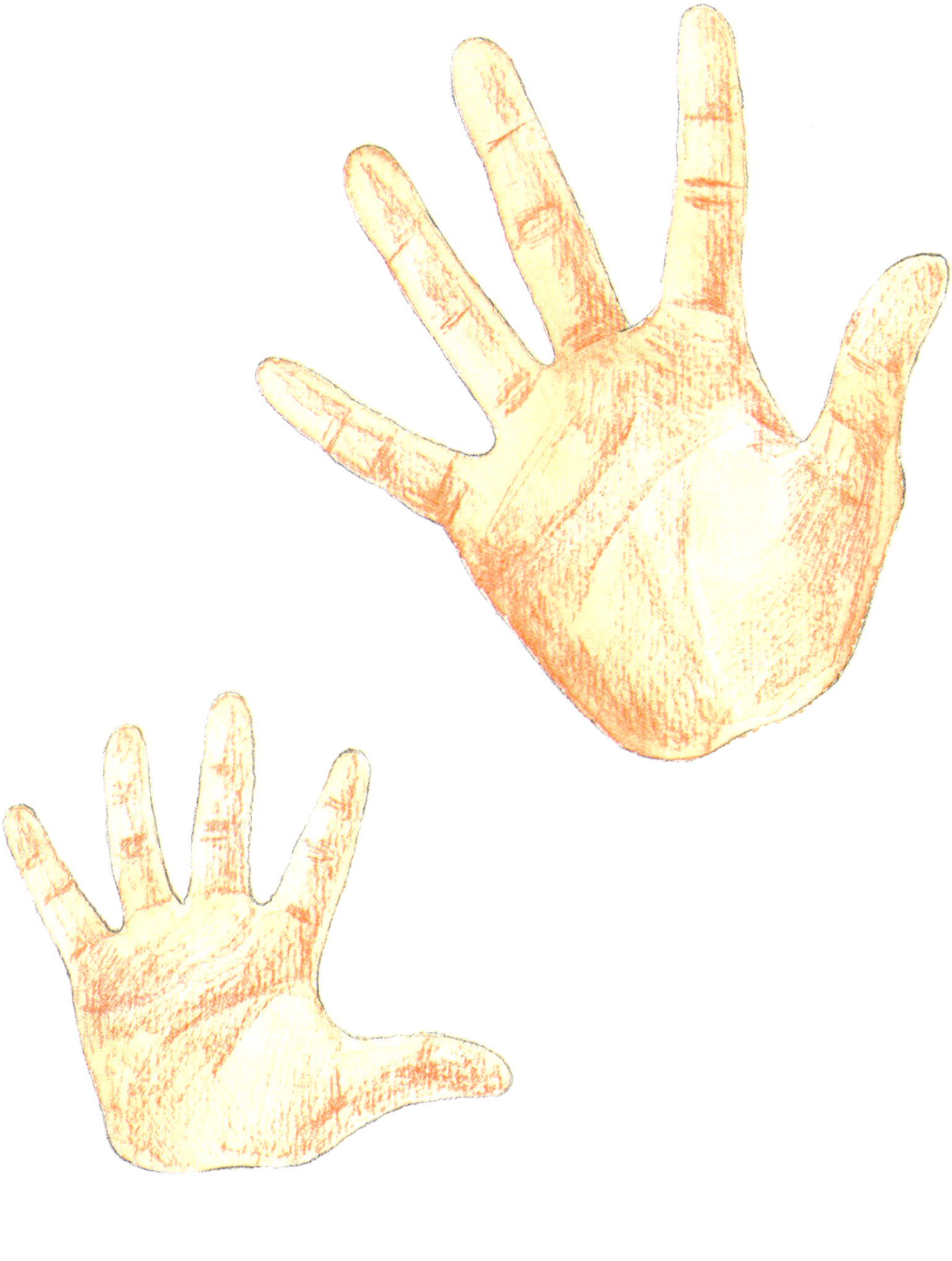

〇〇ちゃんの手は小さいね。」

などと言いながら「て」という発音を子どもたちの耳にたくさん入れるようにします。

③教室でこの本を開き「これは木ね。」「こっちは手ね。」と説明しながら、二つの発音の弁別ができるようにします。

④「先生が木と言ったら、こっちをおさえようね。手と言ったら、こっちをおさえようね。」と話して「木」「手」「木」「木」「手」「手」「手」などと言って、手のひらでぺたぺたとおさえさせるようにします。

「先生とどっちがはやくおさえられるかな。」と言って、競争するような遊びにしてもいいのです。

⑤「き」「て」という音を大きい声で言っても、小さい声で言っても正しくおさえられるようにします。

どれかな②

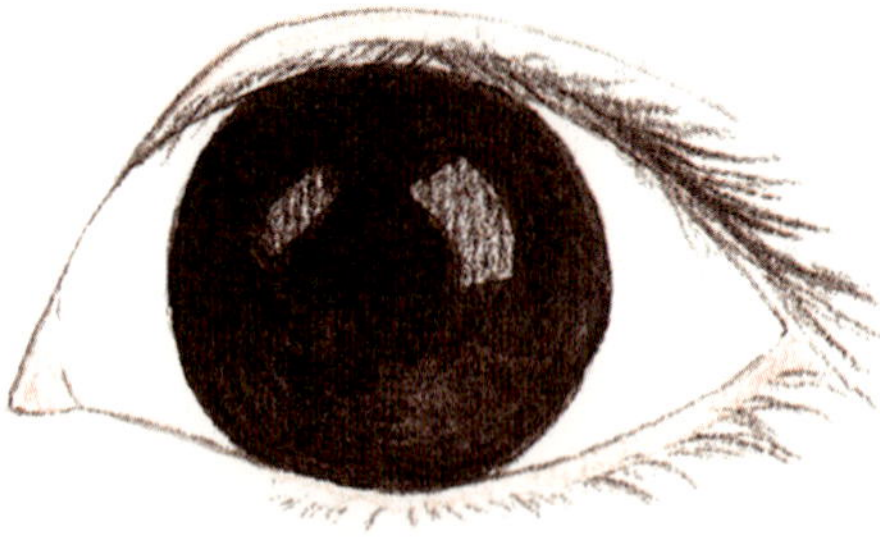

指導の展開

①このページは、前ページの「木」と「手」の指導の展開と同じ方法ですすめます。

②目と歯は、教師や子どもの実物で理解させます。

（人の目も自分の目も指でつっつかないように注意して指導します。）

③絵には金魚の目があり、犬の歯がありますから、

「人の目はどれ」「金魚の目はどれ」「人の歯はどれ」「犬の歯はどれ」というような指導に応じられる子どもであれば、このような指導も楽しく展開してください。

④「さあ、木と手のときのように、先生が『め』と言ったら『目』をおさえてね。『は』と言ったら『歯』をおさえてね。やれるかな。さあ、言うよ。」と言って、2ページと3ページの学習のしかたと同じやり方で、手でおさえさせます。

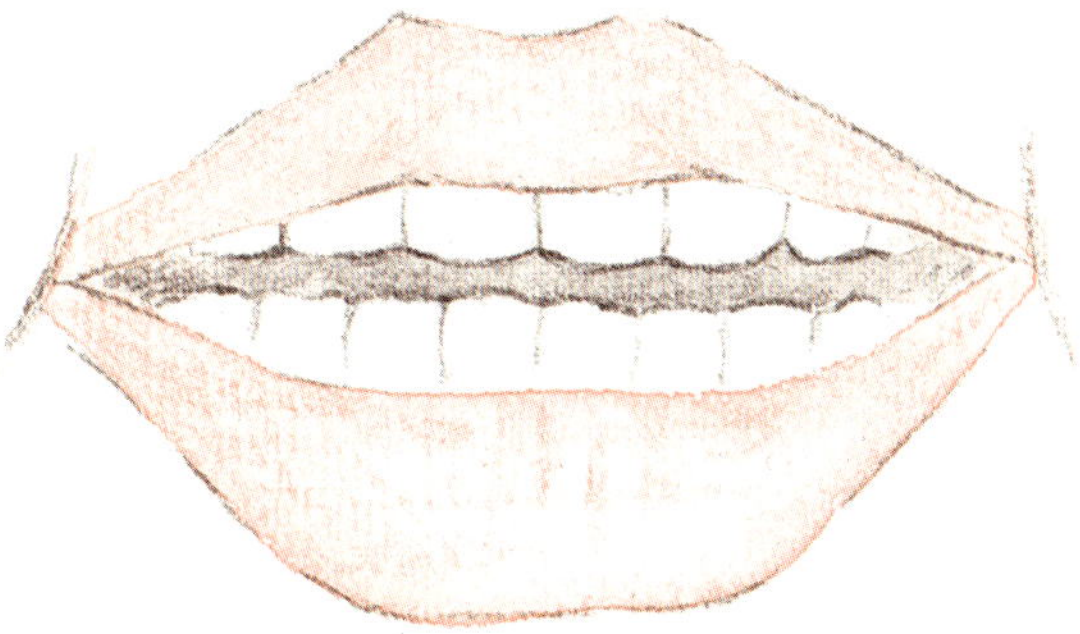

⑤小さな低い声で「め」と言ったり、子どもの後ろに立って「め」と言ったり「は」と言ったりして、手で正しくおさえられるようにします。
⑥2・3ページの指導をして、また4・5ページの指導にもどります。
⑦うまく手のひらでおさえられない子どもには、手のひらを開かせて、手をもってやって、絵をおさえさせ、しだいに一人でおさえることができるようにします。一人で教師の音声を聞いておさえられるようになったら、ほめて、いっしょに喜び、さらに学習意欲をわきたたせるようにします。

どれかな③

指導の展開

①「ひ」と「と」の指導も「き」と「て」や「め」と「は」の指導と同じようにします。

②「火」というのは子どもたちは台所のガスやお父さんのライターの火などが身近です。「燃えろよ、燃えろよ」という歌を聞いたことのある子どももいるでしょうし、実際にキャンプファイヤーに参加して火を見た子どももいるのではないでしょうか。とにかくマッチやろうそくなども使って火というものを具体的にわからせたいと思います。このときは、火は熱いもの、やけどをしたり、火事になったりすることもあるということも理解させたいと思います。

③「戸」というのは教室の戸、ガラス戸などでわからせます。ドアーと同じであることもわからせたいと思います。

④こうして「火」と「戸」の話をして、絵を見せたあと、これまでの指導の方法で「ひ」「ひ」「と」「ひ」「と」「と」などと言いながら、はやく手でおさえられるようにします。

⑤これまでの二つの教材も復習的に扱い、手のひらでおさえさせたり、人さし指で絵の指さしをさせるようにしたりします。指さしは、手をもってやって人さし指をのばすことができるように指導しながらすすめます。

どれかな④

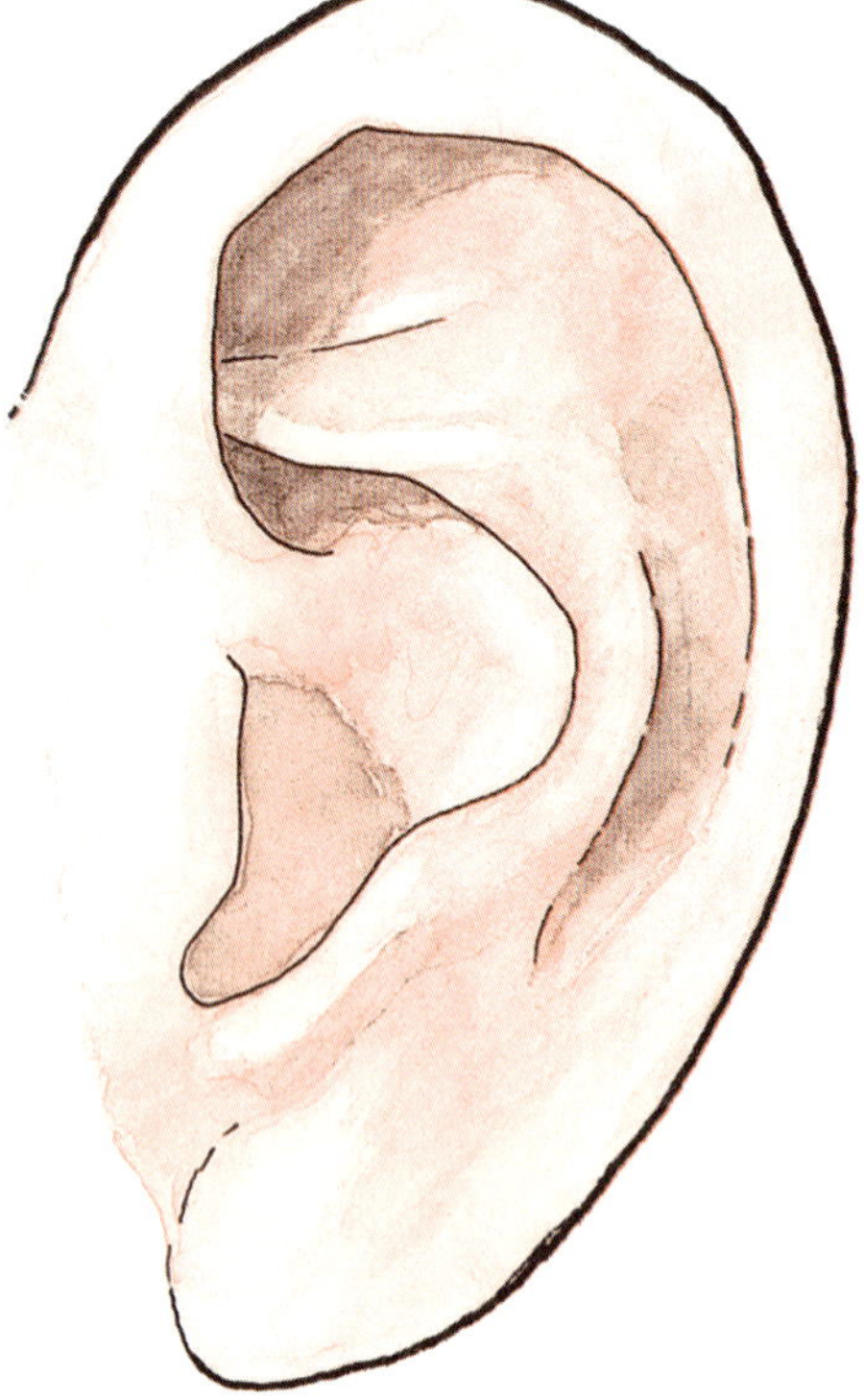

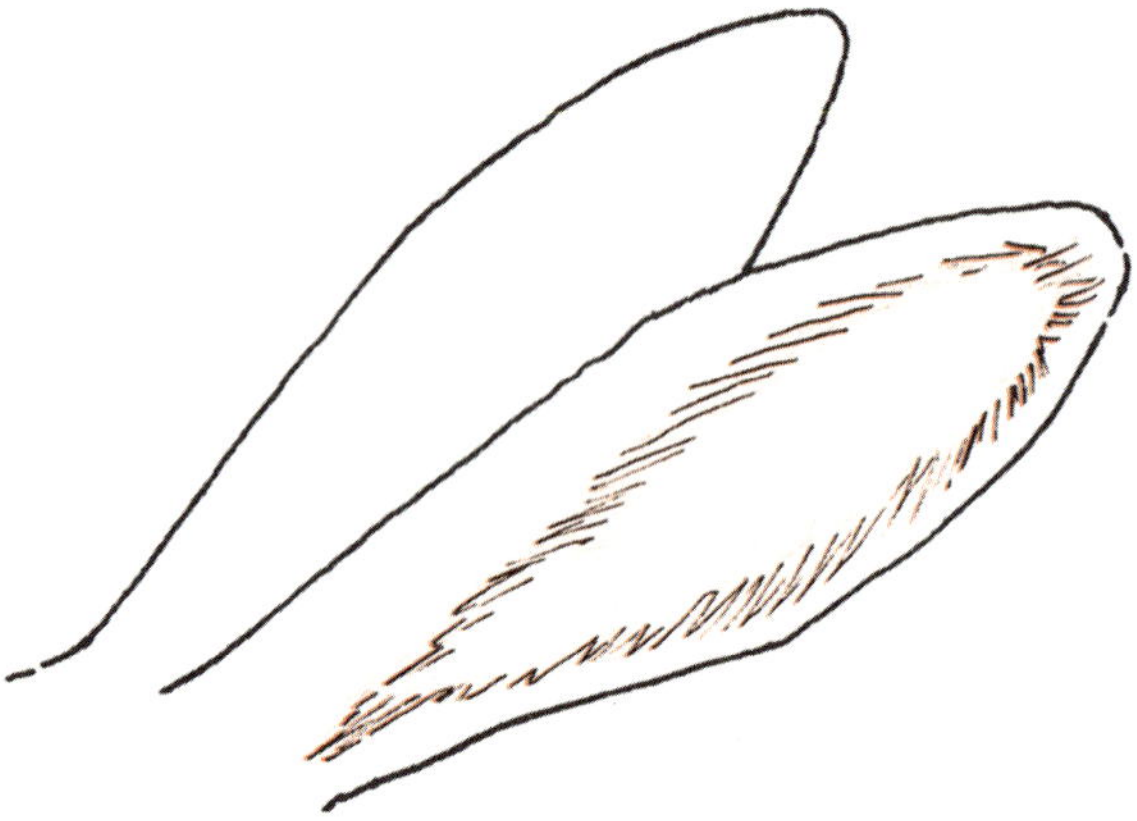

指導の展開

①「木・手・目・歯・火・戸」は一音節の単語です。一つの音節が一つの事物を表しています。このページの「みみ」とつぎのページの「もも」は同じ音節を二度つづけて発音すればいいものです。

②「耳」は具体的にさわらせて理解させ、うさぎにも耳があることを絵や実物でわからせます。「耳、どれ」と聞くと右か左か、どちらかにさわります。このときは「もう一つあるね」と言って両方の耳をさわらせます。「もも」は絵でわからせて、「みみ」と「もも」の音声の弁別ができるようにします。このために「みみ」と発音して「耳」を手でおさえさせ、「もも」と発音して「桃」をおさえさせます。人さし指で指さしをさせるのもよい方法です。

③はじめは「み……み」「も

……も」とゆっくり二度発音して指導しますが、しだいに「み」と「み」の音節のわたりをはやくして「みみ」「もも」と普通の言い方で指さしができるようにします。

④これまでの一音節の単語の指さしも復習的に扱います。できなかった子どもができるようになったら、ほめて、はげまします。

どれかな⑤

指導の展開

①ここでは、二つの音節が異なる、二音節の単語の指導をします。二音節といっても「ん」というのは鼻から息を出すだけの鼻音なので、発音上はやさしい音節です。「パン」も「ほん」も、「パ」と「ほ」に個性があって「ん」がついているだけです。

「パ」はパパにも、パンツにも、パンダにも、ペンにも、ピンにも発展する両唇音であり半濁音です。発音としてはやさしい破裂音です。「ほ」は、しっかり発音してよく耳に入れてやらねばなりません。音声がいろいろ出るようになっても「ほん」を「おん」、「ほし」を「おし」などと発音する子どももいます。「ほ」は息の通るのどをせばめて、息をこすらせて出す摩擦音で発音上むずかしい音節です。「パン」も「ほん」もしっかりと、きれいな

発音で耳に入れて音韻の形成につなげたいと思います。

②パンには、あんパンやジャムパンなどいろいろの形や材料のちがいがありますが、どれもパンです。本もいろいろなものがあります。でも、どれも本です。「これも本ね、これも本ね。」と具体的に理解させます。

③指導はこれまでと同じように「パン」と言ってパンを手でおさえさせ、「ほん」と言って本をおさえさせます。パンも本も身近なものですから具体物で生活をとおしてこの単語になじませます。

どれかな⑥

指導の展開

①「ペン」も「もん」も、パンと本につづく教材です。指導も同じような方法です。ペンもいろいろなものがあり、門もいろいろなもの（学校の門やお寺の門や家の門など）があるけれども、ペンであり、門です。

②ペンは実物を見せることができ、門も少し歩けば実物を見せることができます。こうして事物と言葉を結びつけます。

③「ペンはどっち」「もんは……」と聞いて手でおさえさせます。指さしをする場合は、ペンはどれでもいいですが、門は門の部分でなければなりません。

④「ペ」は両唇による破裂音で半濁音です。「も」はマ行なので発音上はやさしい音節です。（発音する場合のやさしい音節はバ行、パ行、マ行、母音のア・オなどです。）ここで

は、まだ発音の指導はしません。しかし、音声を耳に入れていくことによってやがて発音できるという見通しをもった指導なので「ペン」「モン」とはっきりと発音して音声の弁別力が身につくようにします。

どれかな⑦

指導の展開

①「いぬ」と「ねこ」は、これまでの単語と比べると発音上はかなり高度ですが、はっきりとちがった二つの音節が一つの単語になっているので、音声の弁別ということから考えると、かえって区別しやすい単語です。

②絵を見ながら「犬がいるね、犬はどれ。小さい犬はどれ。」「ねこはどれ。あかちゃんのねこはどれ。」などと聞いて14ページは犬であり、15ページはねこであることを理解させます。

③それから「いぬ」……「ねこ」「手をひざにおいて……ねこ」……「いぬ」などと言って指さしさせます。

④犬は「ワンワンとほえるね。」「ねこはニャーニャーとなくね。」と話して理解させます。

⑤「ワンワン」と言って犬を指さしさせ、「ニャーニ

ャー」と言ってねこを指さしさせる指導をします。楽しい授業になります。
⑥散歩などのとき犬がいたら「犬ね。ワンワンとほえるね。」「ねこがいるね。ニャーニャーとなくね。」などと実物に即して話しかけていくようにします。これまで出てきた門も木も、まだ出てきていない事物も、簡単な単語は（くつ・ポスト・花・石・バスなど）話しかけて単語の発音を耳に入れるようにします。

どれかな⑧

指導の展開

①「いぬ」「ねこ」と同じように、「うし」「ぶた」と四つのちがった音節を耳に入れ、この二つを弁別させます。指導はこれまでと同じように「うし」と言って牛の絵を手でおさえさせ、「ぶた」と言ってぶたの絵を手でおさえさせます。

②絵を見せて「大きい牛ね。おっぱいがあるね。つのがあるね」「子どもの牛だね」「牛はなんとなくの。モーモーだね。」「こっちはぶただね。おかあさんぶた。おっぱいがあるね。いっぱいあるね。赤ちゃんぶたがいるね。ぶたはなんというの。ブーブーだね。」などと話し、発音できる子どもには「モーモー」「ブーブー」などと言わせます。もちろん、発音できる子どもには「うし」「ぶた」などと発音させる指導をします。

③手でおさえる時は「うし」

でなく「モー」と言ってもいいし、「ぶた」でなく「ブー」と言ってもいいのです。また、「モー」とか「ブー」などと言える子どもがいたら、子どもに言わせて、みんなで、手でおさえるのもよい指導の展開です。教師がまちがっておさえたりすると「せんせいバツ」と体や手で表現したりする子どももいて楽しく展開できます。

どれかな⑨

指導の展開

①実際に「くつ」と「かさ」などいろいろともってきます。教卓か、ついたての後ろに置いておいて「何かなあ」と言いながら出します。

②大人のくつや子どものくつ、大人のかさや子どものかさなど、子どもの前に出したら少しはなれたところにおいて「くつ、とってきて」「かさ、とってきて」と言って、一人ひとりに取ってくることができるように、教師どうしや介添さんなどによって、やってみせます。それから「○○ちゃん、くつとってきて」「○○くん、かさとってきて」と言いながら、もってくることができるようにします。

③つぎに「お父さんのくつ」「お母さんのくつ」「子どものくつ」、また三種類のかさについて、絵で理解させ、手でおさえさせる

ようにします。
●お父さんのくつはどれ。
●お母さんのかさはどれ。
●お母さんのくつはどれ。
●子どものかさはどれ。
●…………
などと聞いて弁別ができるようにします。
④実際に、子どもたちのくつを見せ、自分のくつと友だちのくつが区別できるように、また友だちのくつについては、だれのかわかるようにしていきます。
⑤かさについても同じような指導をします。

どれかな⑩

指導の展開

①飛行機やトラックなど、ここに出てくるもののおもちゃをもってきて遊びます。「いいわねえ」「すごいなあ」「ブーン」「ウーカンカン」などと言いながら走らせて遊びます。そして、名まえを言うと、取ることができるようにします。

②絵を見せて「○○はどれ」と聞いて指さしさせます。

③野菜やくだものの模造品をもってきて遊びます。「やおやさんごっこ」や「買い物ごっこ」をして、これらの物に親しませます。

④絵を見せて「トマトどれ」「にんじんはどれかな」などと言って指さしができるようにします。

⑤ここで、はじめて一つのページに何種類もの絵を出しています。④の学習では絵にあるものを言って指さしをさせますが、つづいて「タクシーはど

れかな」「救急車はどれかな」などと、ここにない車を言って「ないねえ」ということで、また「自転車」というと、さっと指さしできるようにして楽しく学習します。

⑥野菜についても、ここにないくだものなどを言ってもいいし「牛乳」「パン」「テレビ」などと言って楽しく学習してもいいのです。そして、ここにあるものはそれぞれの単語の発音を聞いて指さしができるようにします。

どれかな⑪

指導の展開

①22ページと23ページは家庭にかかわりのあるものを教材にしています。家庭にあるいろいろな物の名まえが理解できることは生きていく力を身につけていく大切なことです。各家庭には、この絵にないものもたくさんあります。ソファー、せんたく機、ストーブなど、いろいろな物があり、一つ一つに名まえがあります。こういう語彙をひろげる教材としてこの二ページを活用します。

②絵をよく見せ「ああ、おいしそうなケーキがあるよ。どこにあるかな。」と聞きながら指さしができるようにします。つづいて、絵にあるものの一つ一つの役割や名まえを言って指さしができるようにします。

③22ページも同じように指導できますが、このページは教室を活用すること

ができるので実物で理解させることができます。教室にはもっとたくさんの物品があります。それらも学習するようにします。

④このような学習をしながら、これらのことを父母にも話し、家庭生活のなかでことばを活かすことができるようにしていきます。「しんぶん、もってきて、と言ったら、はじめてもってきてくれました。わかるようになってきました。」というような父母の喜びとともに学習をすすめていきたいと思います。

どれかな⑫

指導の展開

①24ページは、くだものの名まえ、25ページは動物の名まえが教材です。

②くだものは模造品がありますので活用できます。また、ほんとうのバナナやみかんやりんごを使って学習することはさらによい方法です。本物をもってきて授業するときは机の下などから興味をもたせながら出して机の上に並べ「○○くんは、どれがすき。」などと聞きながら「そう、バナナがすきなの」と言って、バナナという名まえを耳に入れたりしながらすすめます。あとで食べるときも十分楽しみながら単語を耳にできるだけ多く入れるように配慮します。

③動物は、うさぎや亀などは実物にふれるように教室にもってきていいのですが、はじめての場合はこわがらないように配慮します。いろいろな動物

は実物で教えることはできませんので、絵で教え、あとで動物園に行ったときなどに実物を見て学習できるように計画します。
④「くだもの図鑑」や「動物図鑑」にはこのほかにもたくさん出ています。
これらを楽しんで見る気持ちを育てることも大切な発展段階での指導です。これらの図書を教室に置いておいて教師の手を引っぱってライオンを見せようとするような生き生きとした学習生活をくりひろげたいものです。

どれかな⑬

指導の展開

①26ページと27ページは理解語彙をひろげるための教材です。両方のページともたくさんのものを出しました。これらの一つ一つについて、絵や実物によって話しながら名まえがわかるようにしていきます。

②つづいて、両ページを見せ、「つばめはどこにいるかな。」「わなげはどこにあるかな。」などと聞きながら、二つのページにあるものを正しく指さしができるようにします。

③両方のページにないものを言ってさがさせ、ないことを確認することもよい学習です。「くつはどこにある」などと言うと、18ページを開けたりする子どももいます。こうなると、ほんとうによい育ち方をしていることがわかります。

④18ページのくつを開いて見せるようなことができ

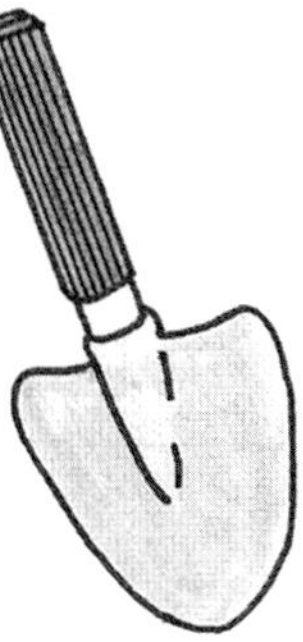

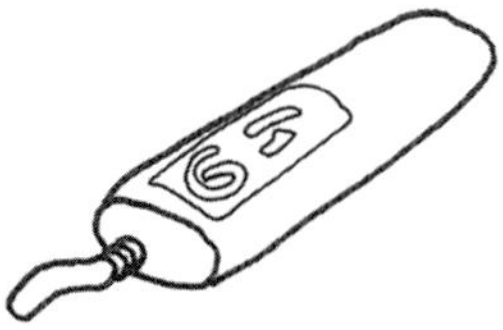
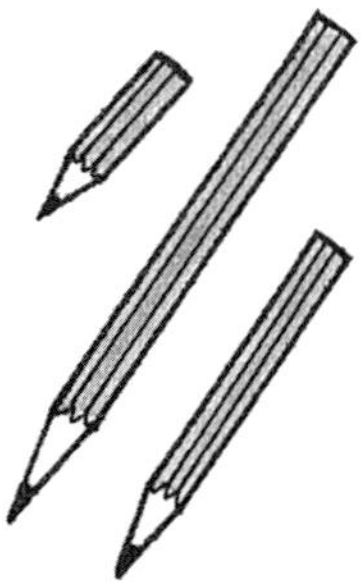
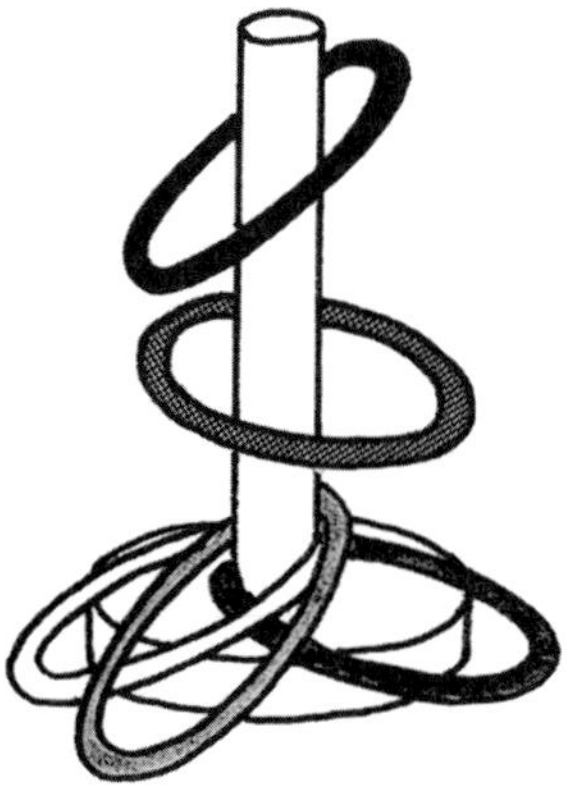

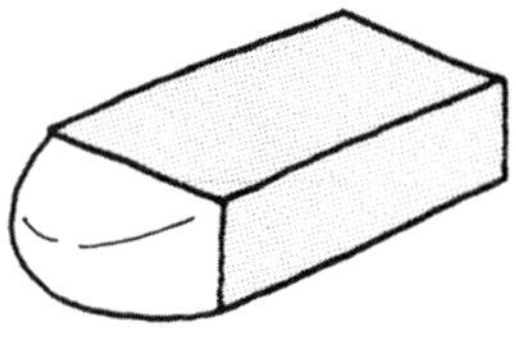

るようになったら、「にんじんはあるかな……」と言うと21ページを開くことを期待したいと思います。

⑤ここまでで八十以上の単語の学習をしました。すべて名詞です。ところが、これらの名詞を指導しながら教師は「すいかは、おいしいね。」「すいか、たべたい？」「牛はモーッとなくね。」などと形容詞や動詞もたくさん使って語りかけています。これはよいことですが、子どもに語りかける言葉は、理解しやすい単語で、センテンスはみじかくして、口をしっかり動かして、口を見せながら、はっきり発音したいものです。

どれかな⑭

指導の展開

①八つの色について「これは、あか。」「これは、みどり。」といっしょに指さしながら理解させます。

②「赤は」「緑は」と言うと一人で指さしができるようにします。

③「赤い車はどれ」「緑の車はどれ」と聞いて指さしができるようにします。

④1ページの信号の絵を見せながら、信号の色の話をします。「前が赤のときは」と言うと手で×をして答えさせてもいいし、とにかく信号の色を見ることは大切であるとこを理解させるようにします。

こえをだして

指導の展開

①ここからは発声の指導をします。食べること、飲むこと、吸うこと、吹くこと、うがいをすることなどが発声の力を助けます。机の上に紙をちぎっておいて、それを口で吹きとばす遊びや、ストローで牛乳などを飲むことなどを指導しながら、しゃぼん玉を吹く遊びもできるようにします。ハーモニカを吹いてならすことや、笛を吹いてならすことなどもできるようにします。

②しゃぼん玉のときは、液を飲みこまないでやれるように気をつけて指導します。

どんな　おと①

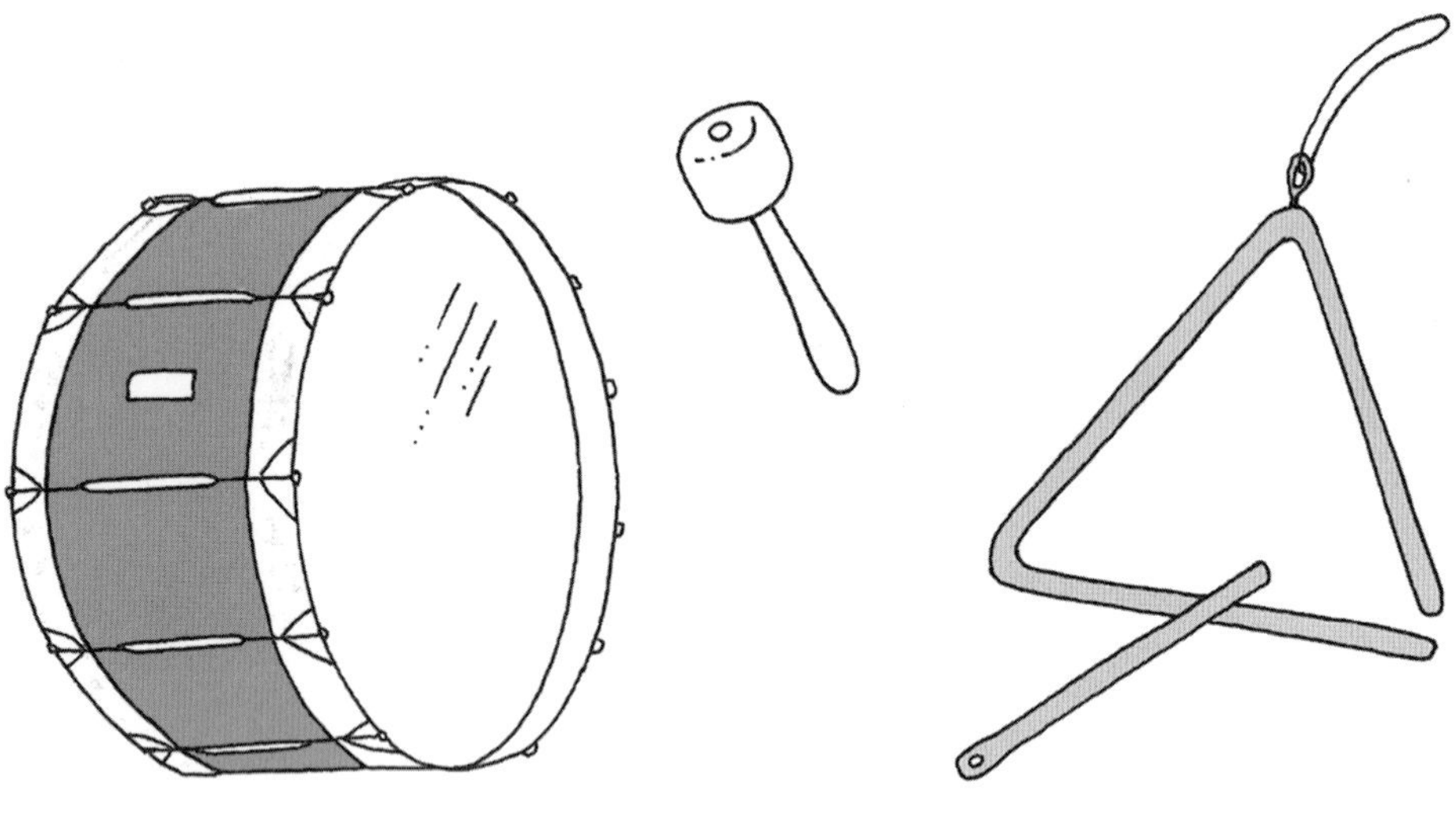

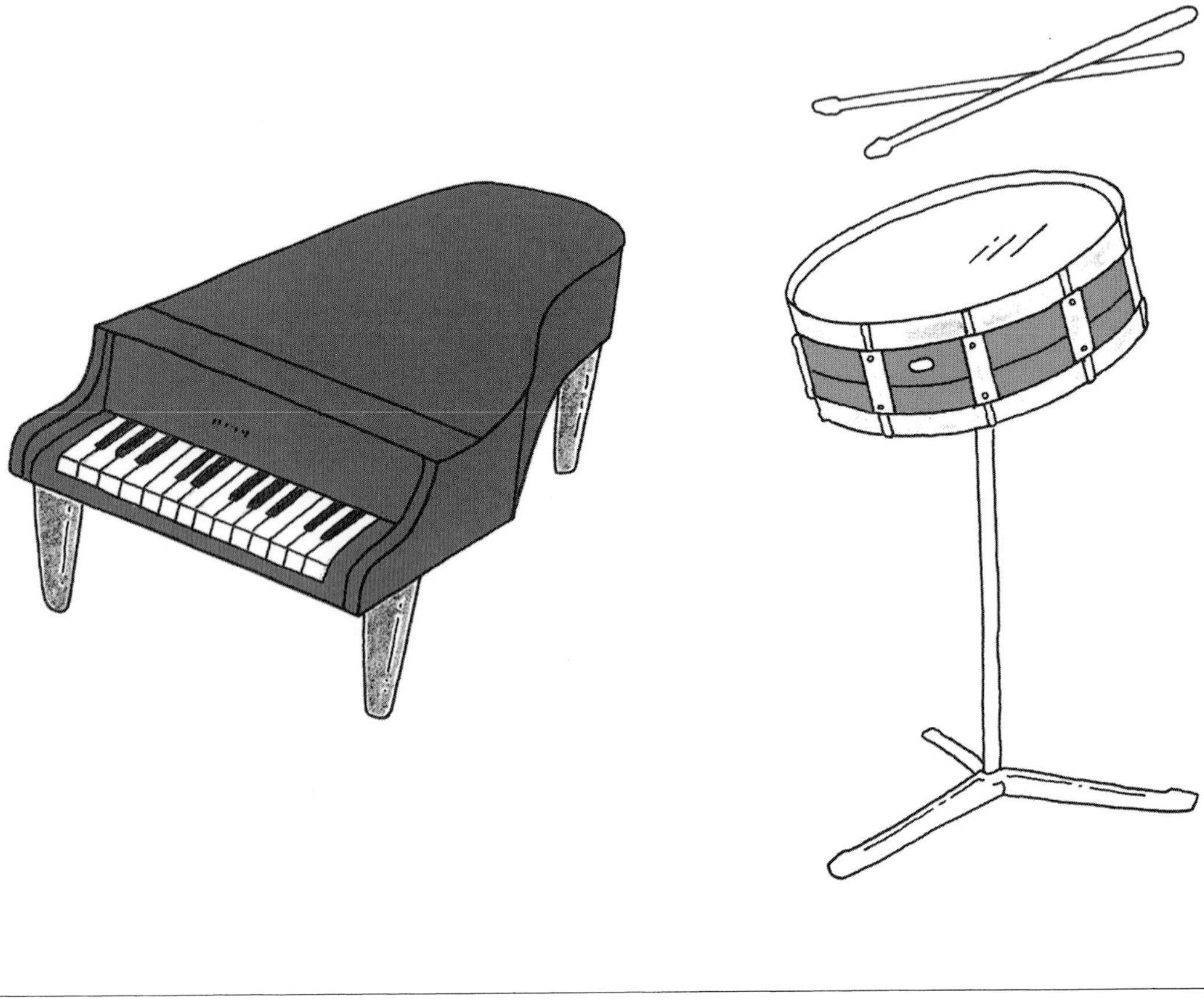

指導の展開

①実際に、大だいこ、小だいこ、トライアングル、ピアノ、ふえ、ピストルなどで音を出します。

②ピストルの音はあまり大きな音ではないほうがいいし、遠くはなれてならして驚かせないようにします。おもちゃの自動車も子どもの乗れるもの、できればクラクションの鳴らせるものがいいでしょう。

③「大だいこはどんな音？……ドーン、ドーンだね。小だいこはトントンだね。」「トライアングルはチーン、チーンだね。」「ピアノはポンポンだね。」「ふえは、ピーッだね。」「自動車はブーブーだね。」「飛行機はゴーッというね。ブーンというかな。」などと、一つ一つの音について話し合い、声を出させます。

④「さあ、いっしょに、ドーン。」(「バーン」もよい)

とさそいかけて、みんなでいっしょに声を出させます。口をいっしょに大きくあけるように、手を口のところにもっていって調子をつけて声を出させます。ピアノの「ポン」という音は、唇をしめ、ほっぺたをふくらませ、口腔内気圧を強くして破裂音を出させます。教師の口型を模倣をさせながらいっしょに「ポッ」と発音させ、鼻音とくっつけさせるように「ポン」と模倣させます。「チン」「ピッ」「バン」なども口の型をよく見せながら音を出させ、また「ブーブー、ゴーッ、ブーン」などは元気よく遊びながら声を出させます。全部正しい発音でなくても何かの音を出すことで楽しく遊び、できるだけ力強い音声を出し合うようにします。

どんな　おと②

指導の展開

①ラッパはプップー、カスタネットはカチカチカチなどと、一つ一つの音を大きな声で言わせるようにします。「カチカチ」が「タチタチ」になっていてもそのまま大きな声を出させます。水道の蛇口の音はジャー、拍手の音はパチパチでいいのです。ふうせんが破裂した音は実際に音を出して聞かせて「パーン」という音声につなげます。救急車もふうりんも玄関のピンポーンという音も自由に言わせて「ポンポーン」でも「うまい、うまい」とパチパチ拍手してやります。

②ここで一人ひとりの子どもの口から、どんな音声が出ているかを音節ごとにチェックしたいと思います。（再生音として）

A子（パ・ピ・バ・ブ）

B男（ド・ト・ン・チ・パ・ピ・バ・ジャ）

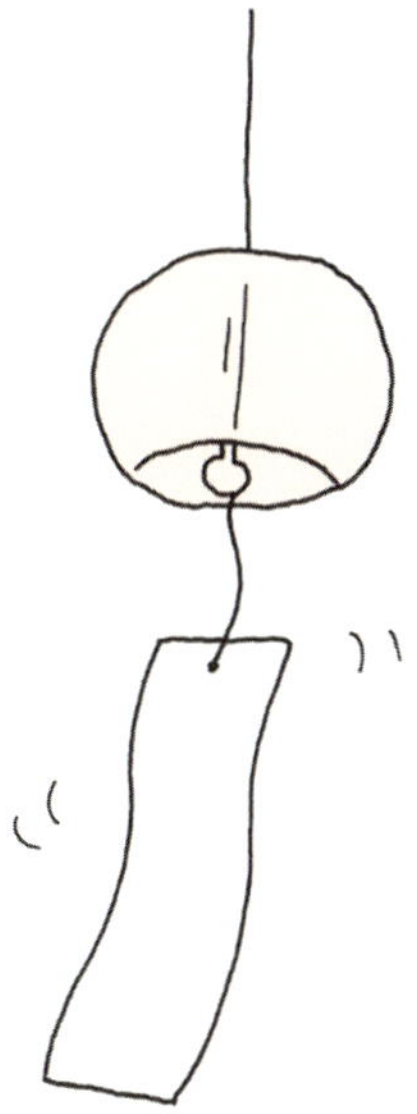

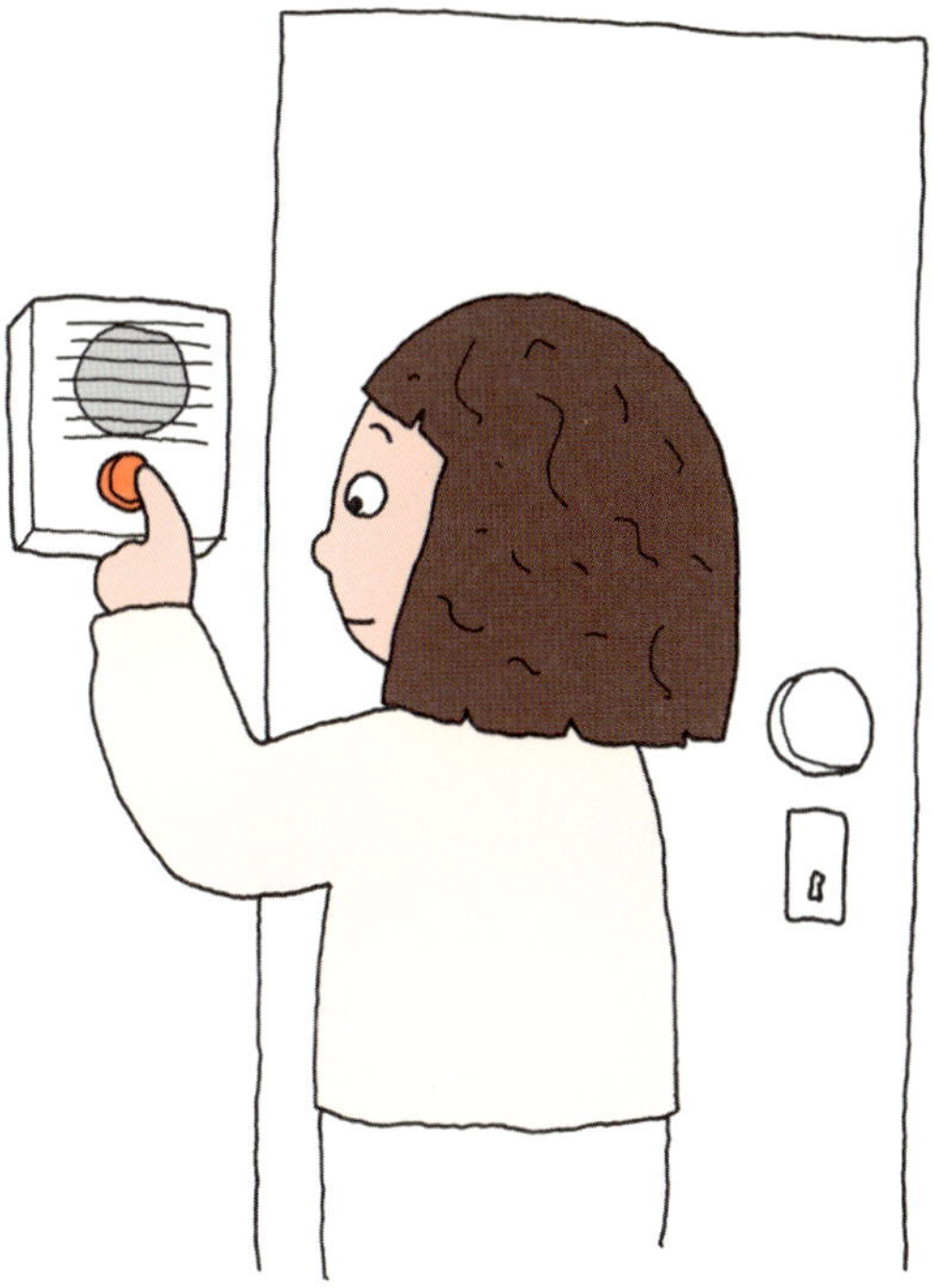

というように。
③30ページの大だいこを見せて「これは」というと「ドン」と答え、ラッパを見せて「これは」というと「プー」と答えるような調子で声を自発的に出させます。この自発音もチェックします。
A子（パ・バ）
B男（パ・バ・ピ・ブ）
④巻末の発音到達表に○印をつけていきます。

どんな　こえ①

指導の展開

①34ページから37ページまでは、なき声の模倣教材です。「牛はモーモー」「やぎはメーメー」「ぶたはブーブー」「いぬはワンワン」「ねこはニャーニャー」「ねずみはチューチュー」「すずめはチュンチュン」「うぐいすはホーホケキョ」「馬はヒヒーン」「おんどりはコケコッコー」「めんどりはコッコッコッ」「ひよこはピヨピヨ」「カラスはカーカー」「せみはミンミンミン」「赤ちゃんはエーンエーン」と、一般的ななき声でいいのですが、もっとちがった声を出してもやや似ていれば許容します。実際、犬はクーンクーンともなくし、ねこはニャーゴとかニャオーとなくので、いろいろな発声でもいいのです。

②この四ページは、それらしく声を出せばいいのです。声を出すときは机に

ついていてもいいのですが、動作化しながら声の模倣をするのも楽しい授業を展開することができます。とくに、犬のまねなど、歩きながら「ウーワンワン」などとほえてみんなで遊ぶことができます。手を横にあげて「カーカー」と言いながら走りまわることも、つづけて「メーメー」とやぎになったりしながらいっしょに集団として歩きまわることも、教師を先頭にして大きなうずをつくるなき声遊びにしていくこともできます。

どんな　こえ②

これ なあに①

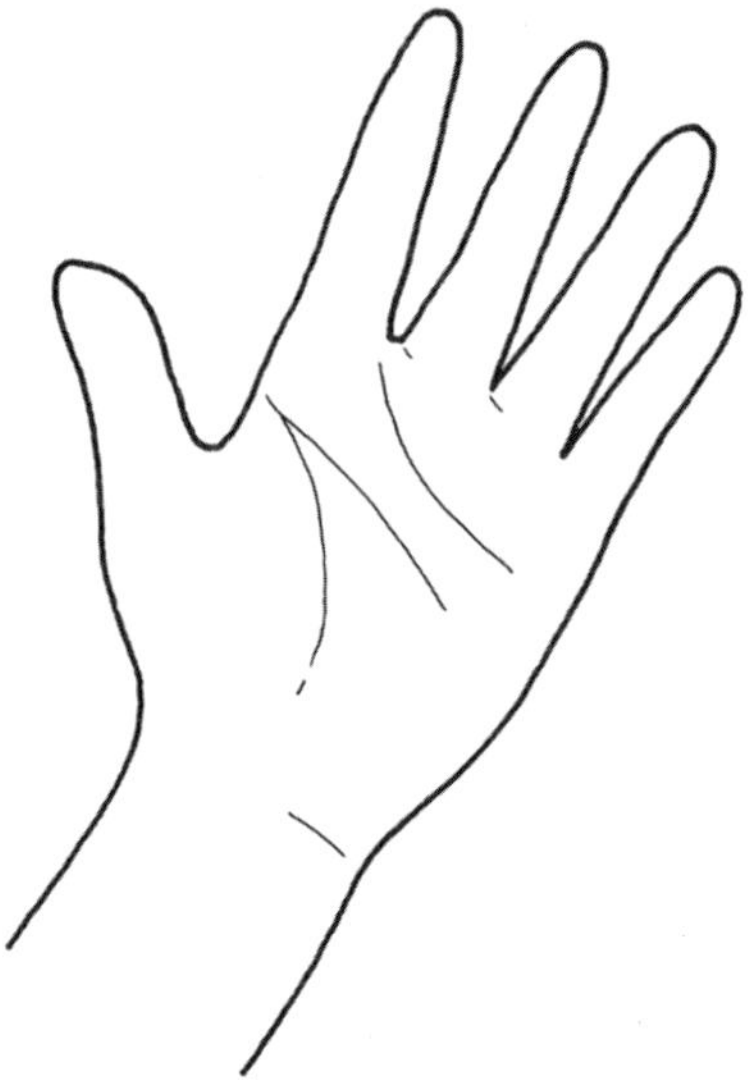

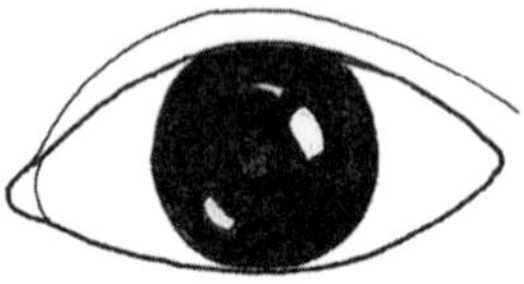

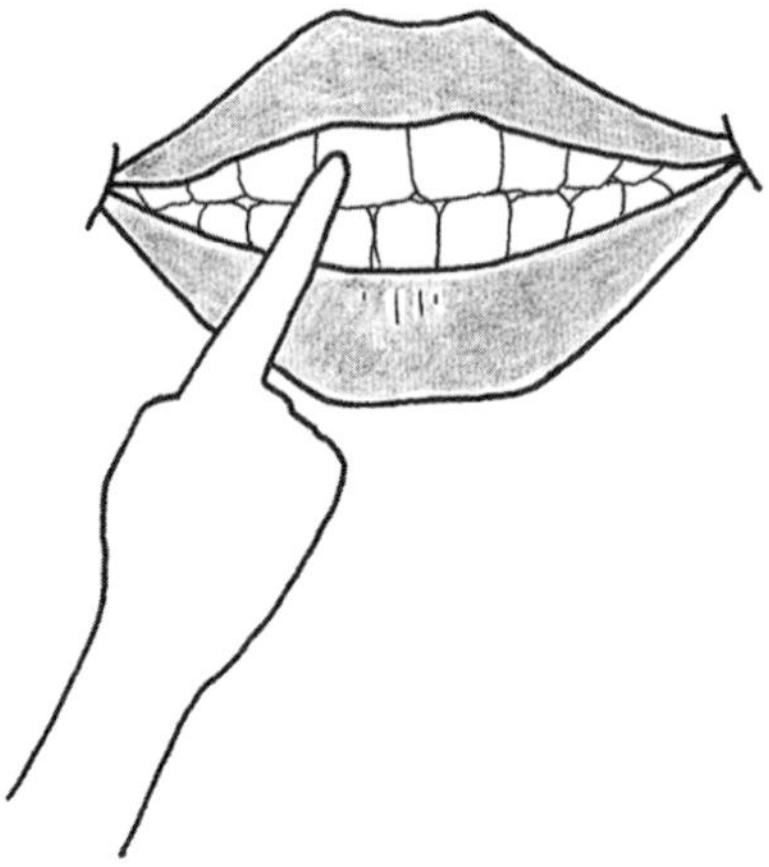

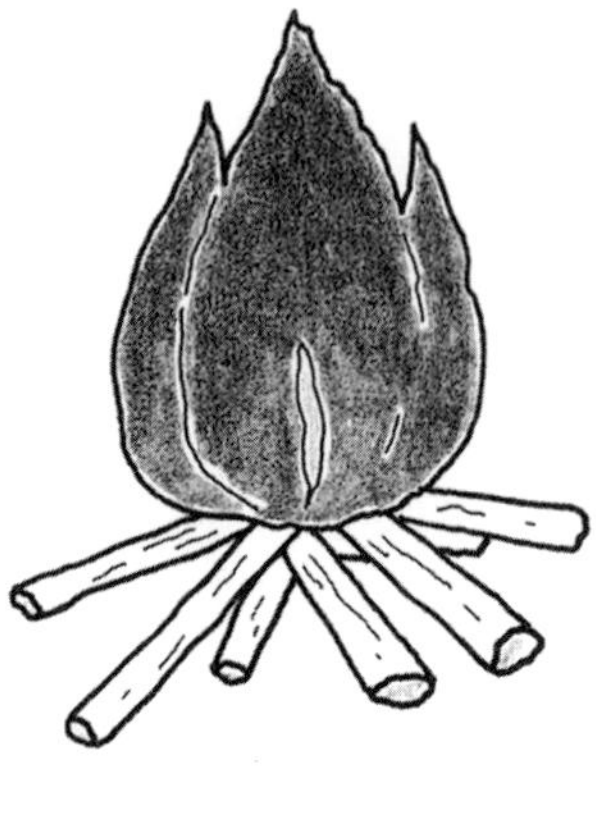

指導の展開

①38ページからは単語をはっきりと発音するための学習のページになります。具体物や半具体物を使って、その名まえをしっかりと発音させます。きれいに発音するという目標をもって指導するようにします。

②手と目と歯は教師や子ども体で学習を展開しながら、教師が「これ なあに」と絵を指さして答えさせるようにします。きれいな声で言えないときは、教師の発音を何回か模倣させて反復音としてきれいに発音できるようにして、自発音でもきれいに発音できるようにしていきます。

③木と絵と火は「これ なあに」と指さして答えさせます。

これ　なあに②

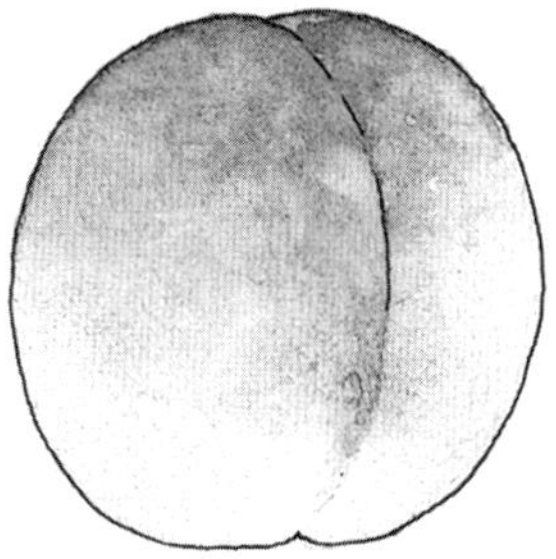

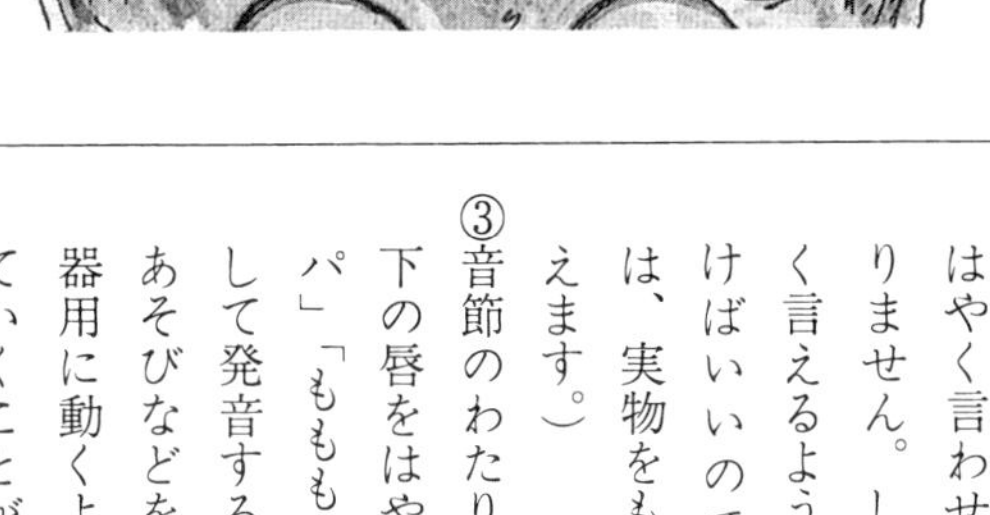

指導の展開

①同じ音節を二回つづけて言う単語「みみ」「もも」「ささ」は、一音一音をはっきり発音させながらゆっくりと言わせ、しだいに「み」と「み」の二つをつづけてはやく発音させるようにする、わたり指導をします。

②音節のわたりの指導は教師の発音のまねをさせて、はやくつづけて言えるようにします。でも無理にはやく言わせる必要はありません。しだいにはやく言えるようになっていけばいいのです。（ささは、実物をもってきて教えます。）

③音節のわたりの指導は上下の唇をはやく「パパパパ」「もももも」と動かして発音するようなあそびなどをして、唇が器用に動くように指導していくことが効果的です。

指導の展開

①絵を見せて「これは、だれかな。」と聞き、話し合いながら「パパ」であり「ママ」であることを理解できるようにします。
「おとうさん」「おかあさん」「おばさん」「おじさん」などと話す子どもがいればほめてやりながら「だれにしようか。パパとママにしようか。」と話し、そう決めます。
②「きょうは、だれと学校にきたの。」と聞いて「ママ」と答えさせ、写真をもってこさせて「パパ」と言えるようにしたりします。ママかパパがいない子もいますので気をつけて扱います。
③上の絵では「ヨーヨー」をしていることを教えます。ヨーヨーを教室にもってきてやって見せることも必要です。そのあとで「これなあに。」「ヨーヨー」と言わせたりします。

これ　なあに③

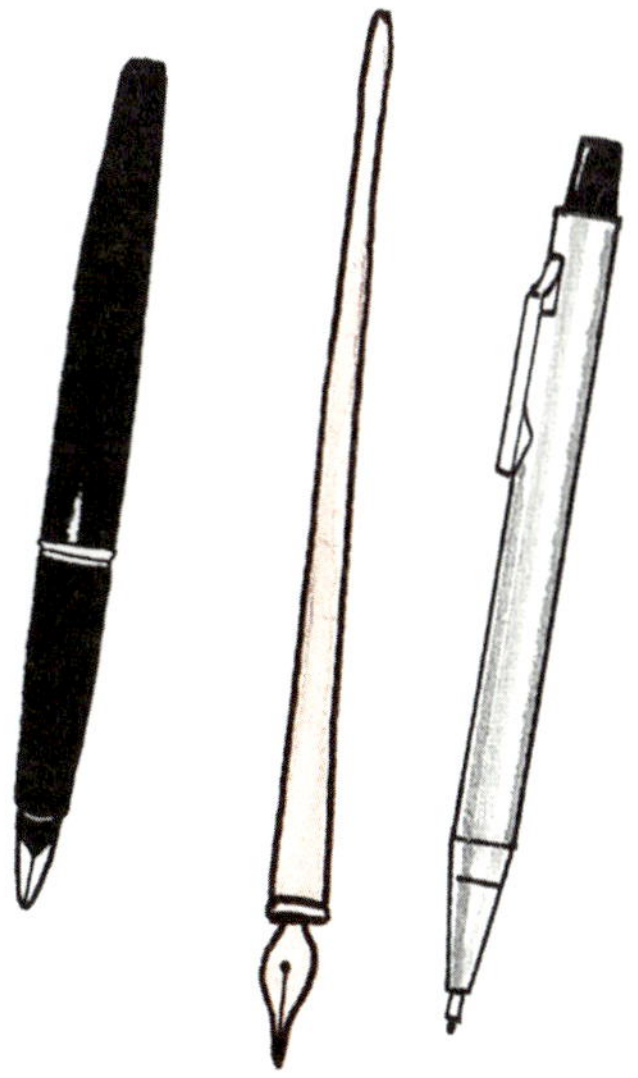

指導の展開

①「パン・ペン・ほん・もん」この四つの単語は、実物や絵とともに学んだ既習の単語です。単語は聞いたことがあっても、正式に発音する学習としては初出の単語です。

②発音としてはやさしいので、口型模倣をさせながら教師といっしょに言うようにします。そして「これは、なぁに。」と聞いて、自発音で四つの単語が言えるようにします。

③認識を広げる面では、それぞれの単語には多様なものがありながら共通点があることをそれとなく感知できるようにします。ジャムパン・しょくパン・ぶどうパンなどを思い出させ、ペンや本や門もいろいろあることをイメージさせます。

これ　なあに④

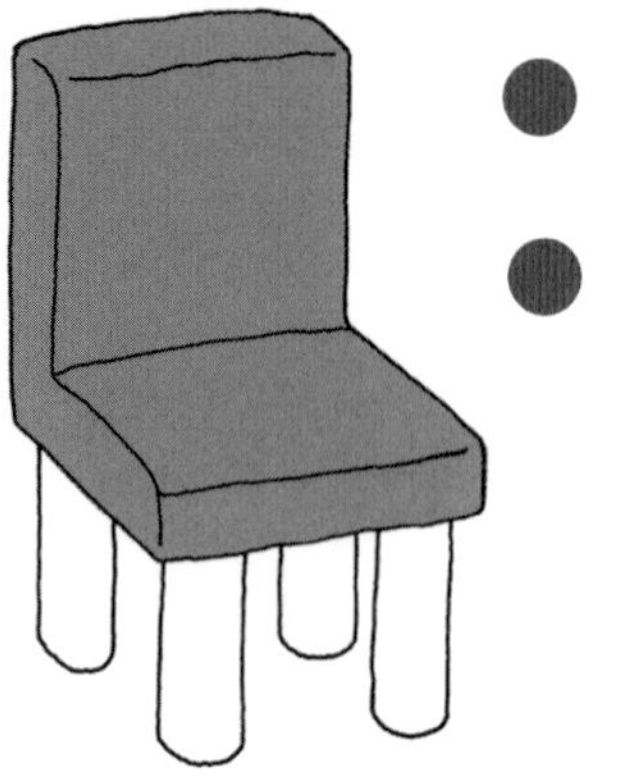

あり　いぬ　うし
あめ　いす　うま

指導の展開

①「これは、なにかな。」「あり」「そう、ありだね。ありと大きな声で言ってみましょう。」と言って手を二つたたいて、いっしょに大きな声で「あり」と言います。実際に実物を見せることができれば見せるようにします。

②「あめ・いぬ・いす・うし・うま」も同じように指導します。

③この二音節の単語は、二つの音節をはっきりと発音するのでなく、語頭音の発音に注目して、これが正しく言えるようにすることを目標にします。

④「あり」と教師が言って子どもに「あり」を指さしさせ、「うま」と言って同じように学習するようにします。子どもに言わせて、子どもが指さしするように、しだいに子どもどうしで学習できるようにしていきます。

⑤43ページも同じように指

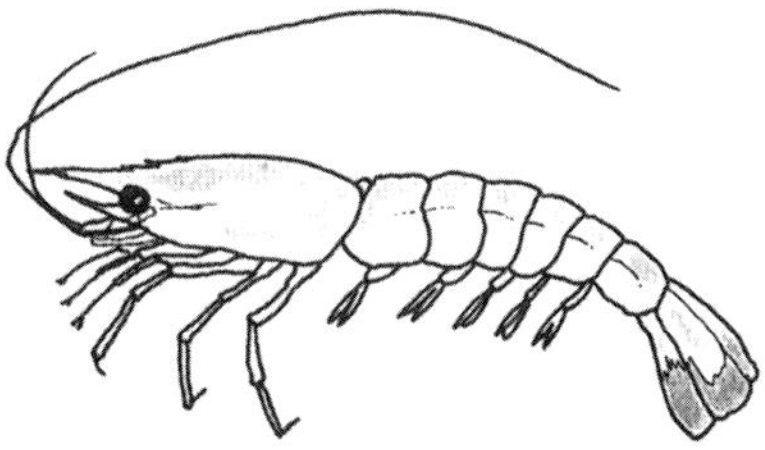

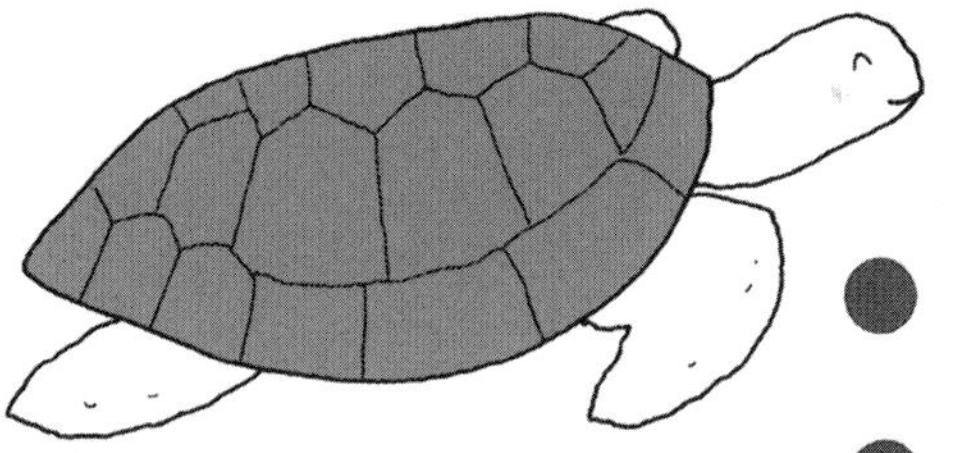

えび　おに　かに
えき　おてら　かめ

導します。授業が単調にならないように犬や牛のなき声を入れたり、おにのお面を作ってかぶったり、かにの横あるきのまねをしてみたりするような動作化も大切にします。
⑥44ページ以降、66ページまで同じように指導して、語頭音や初出の語中の音節「あおぞら」や語尾の「かじ」などの初出の音節がきれいに発音できるようにします。
⑦既習の音節でできている単語は「語として発音」させるようにします。手をたたいてゆっくりと、はっきり発音させ、わたり指導をして普通のはやさで単語が発音できるようにします。

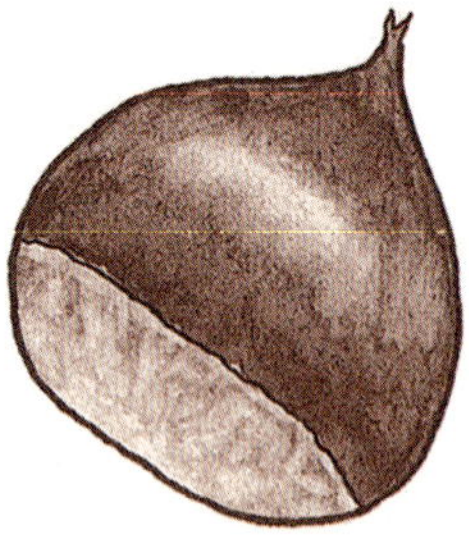

きく　くり　けいと
きりん　くつ　けむり

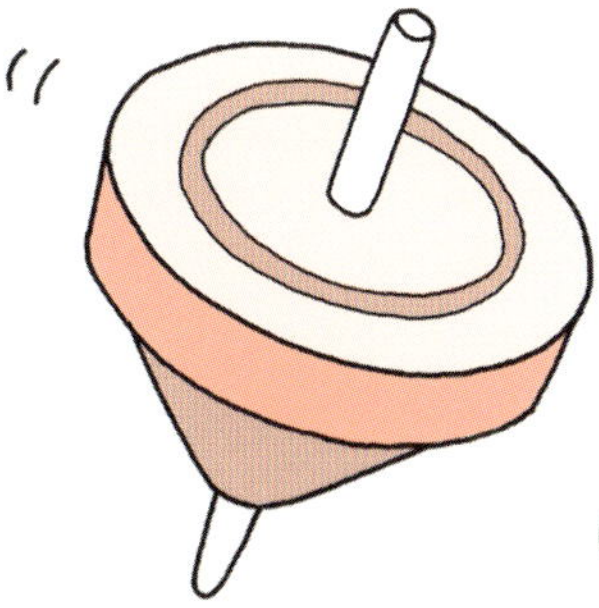

こま　さる　しか
こけし　さいころ　しろ

すいか　せみ　そり
すずめ　せんろ　そば

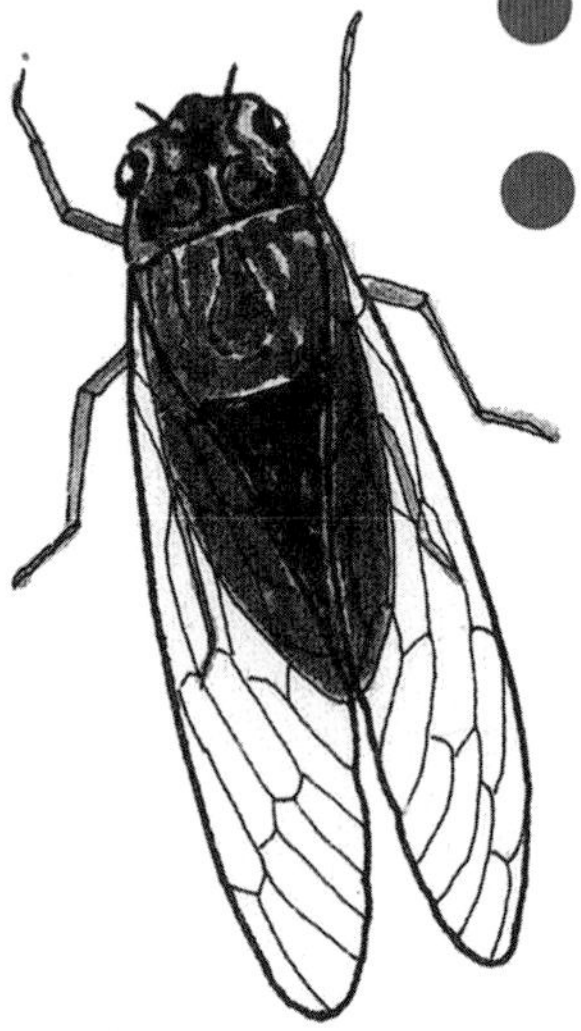

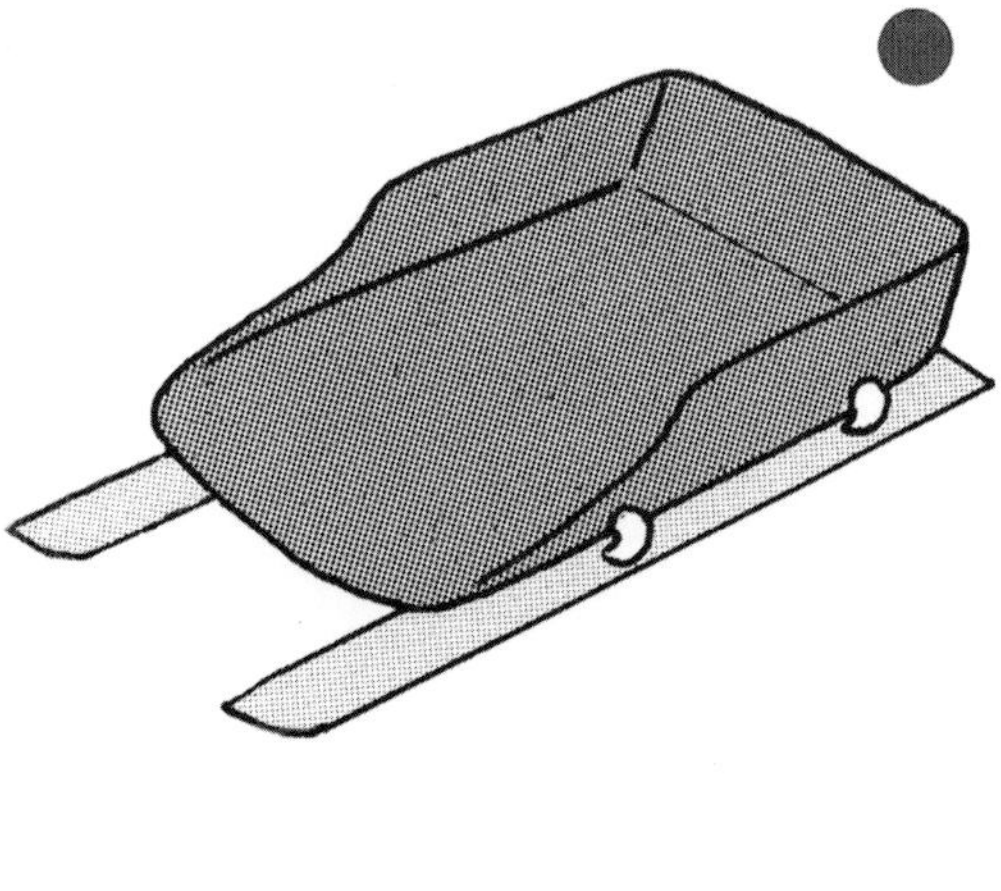

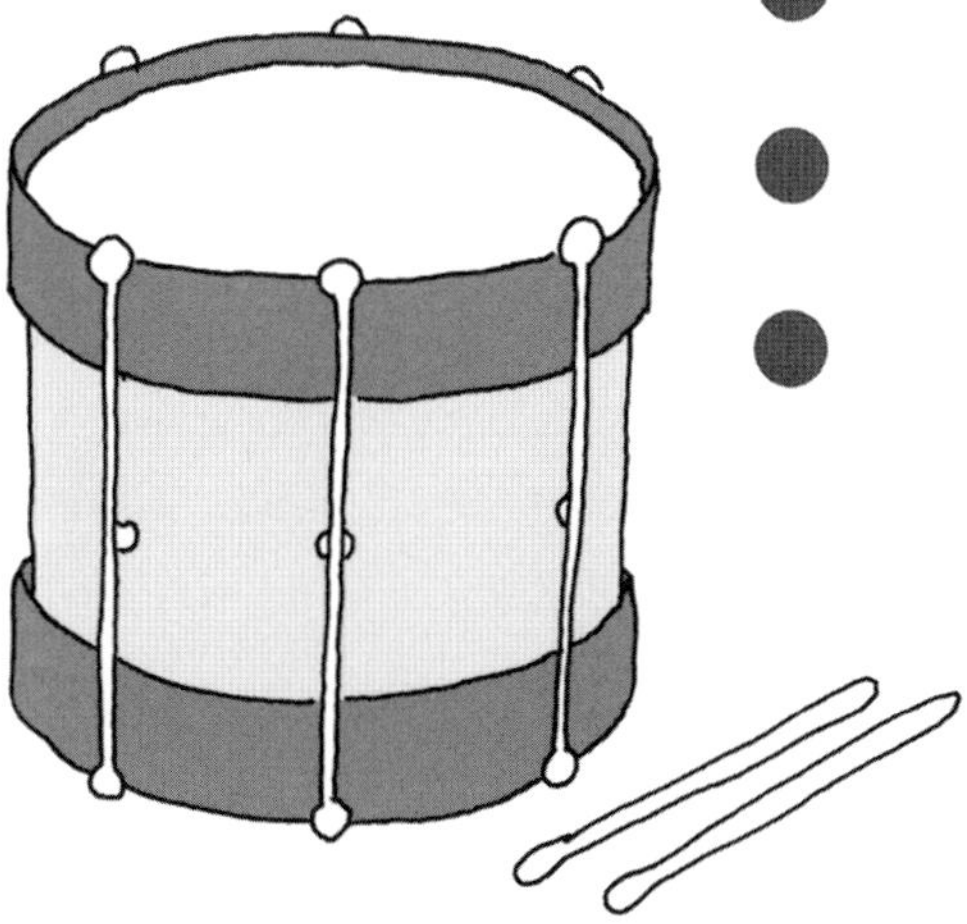

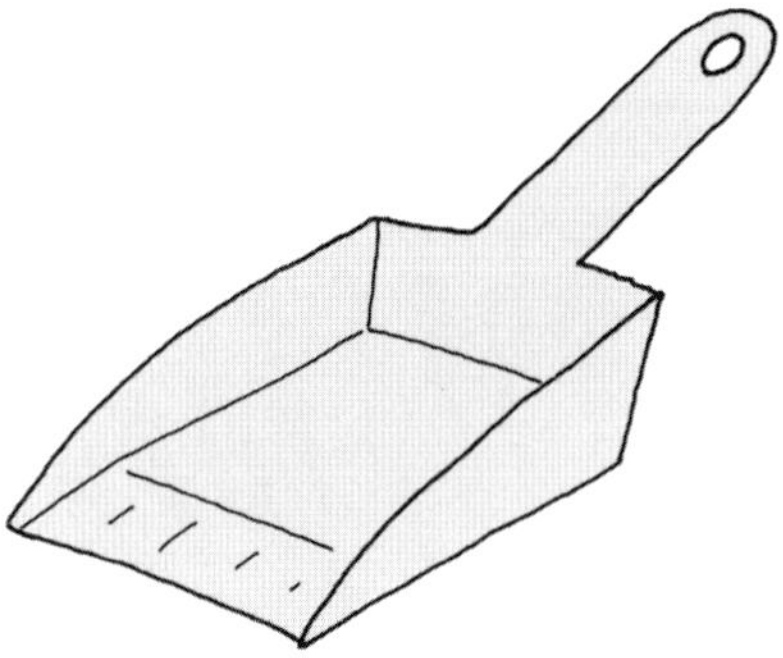

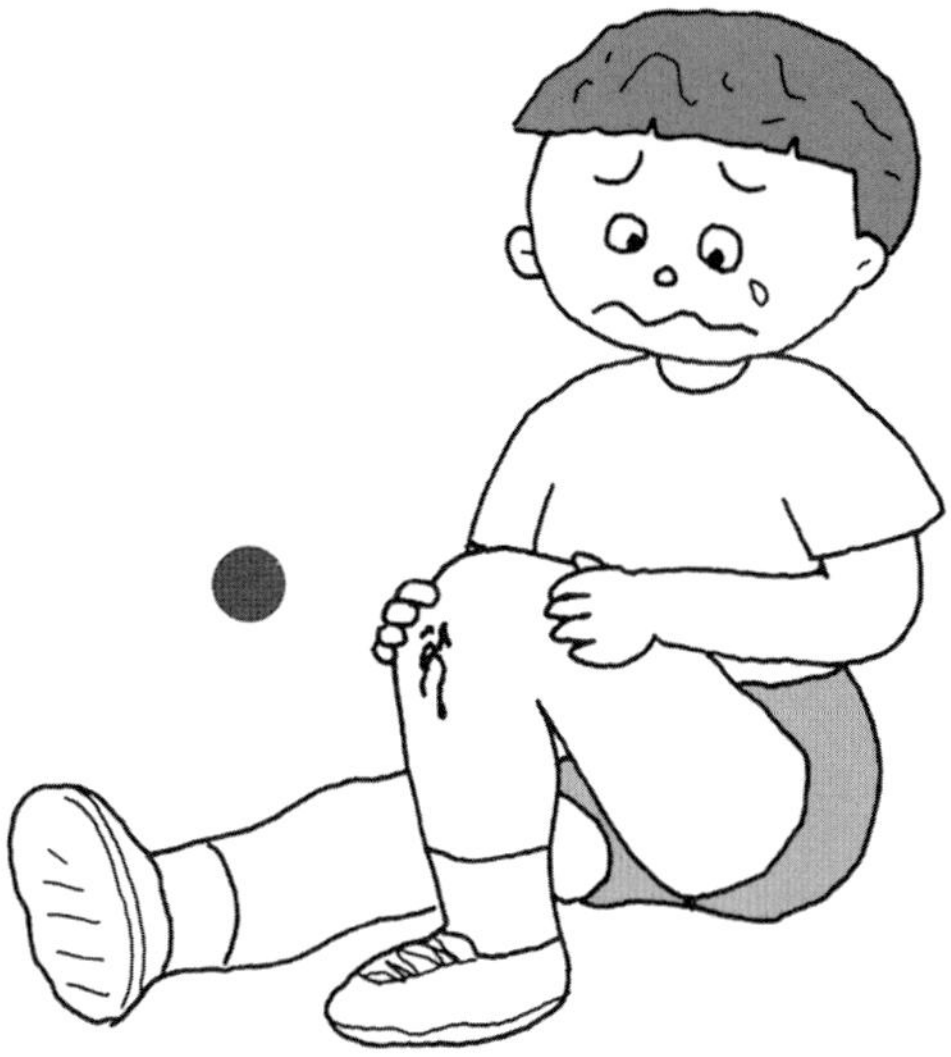

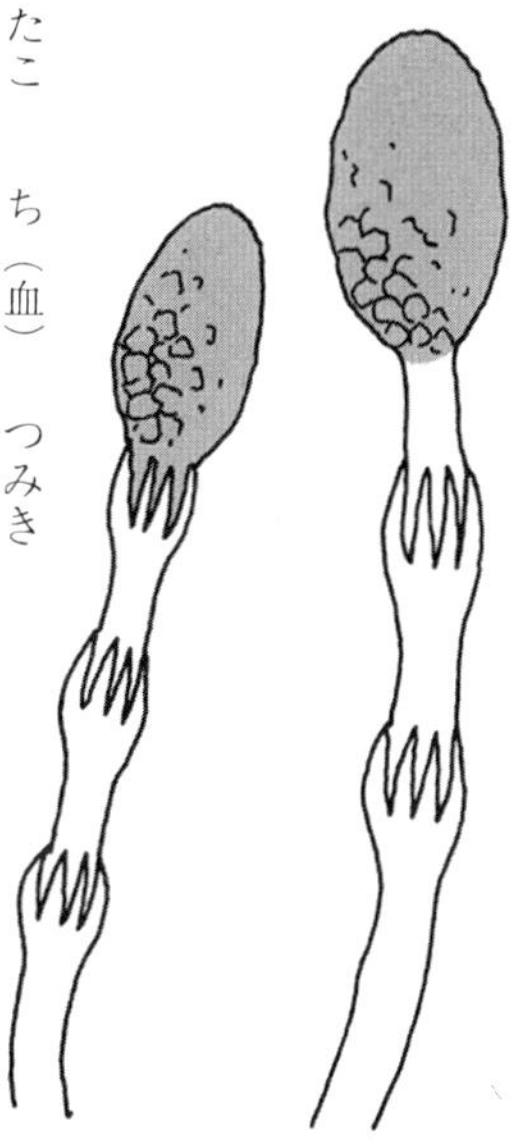

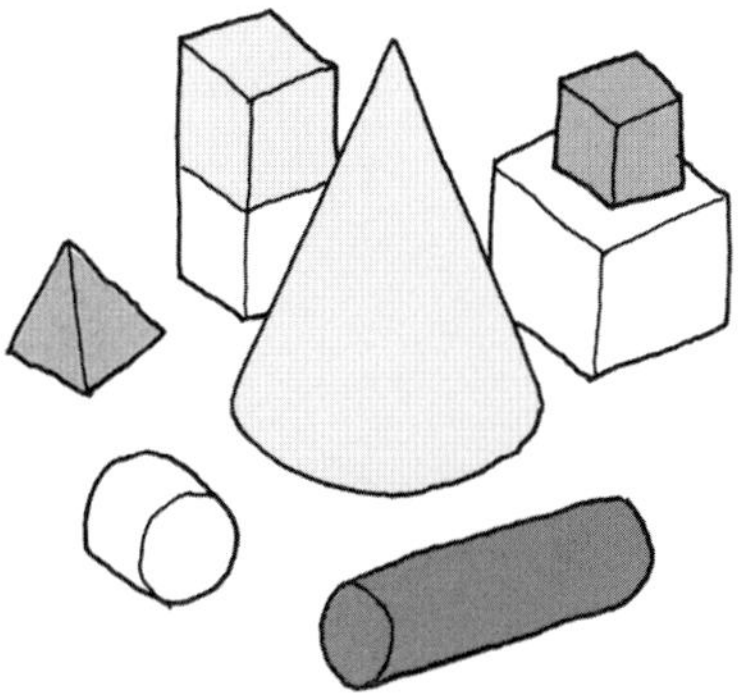

たこ　ち（血）　つみき
たいこ　ちりとり　つくし

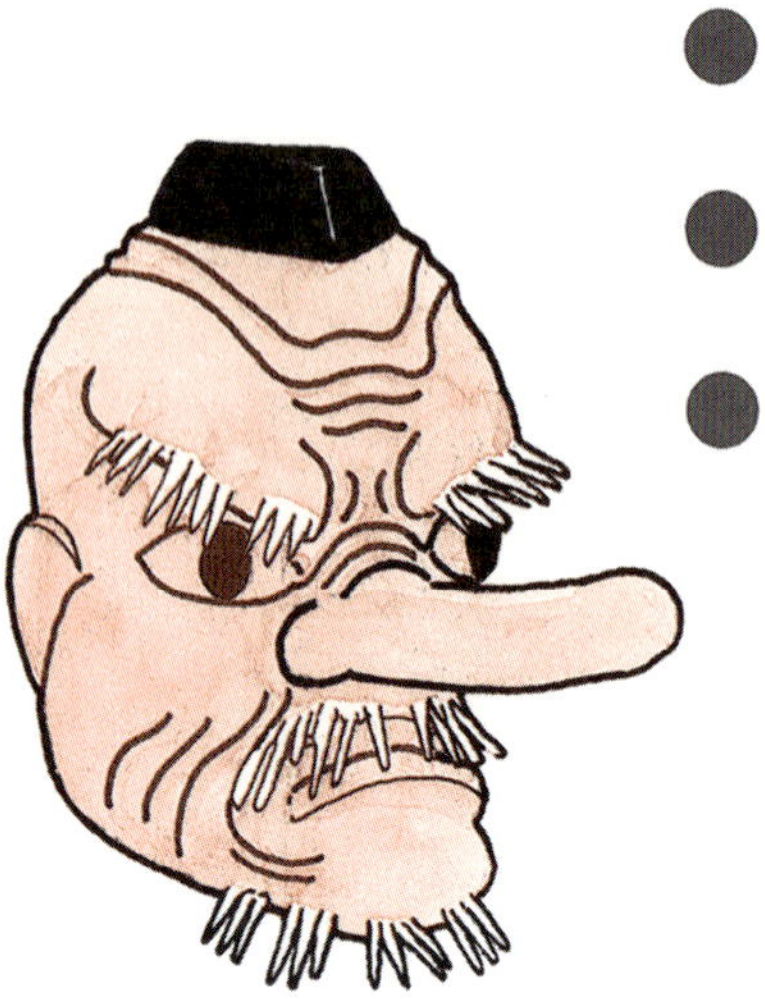

テレビ　とら　なし
てんぐ　とんぼ　なす

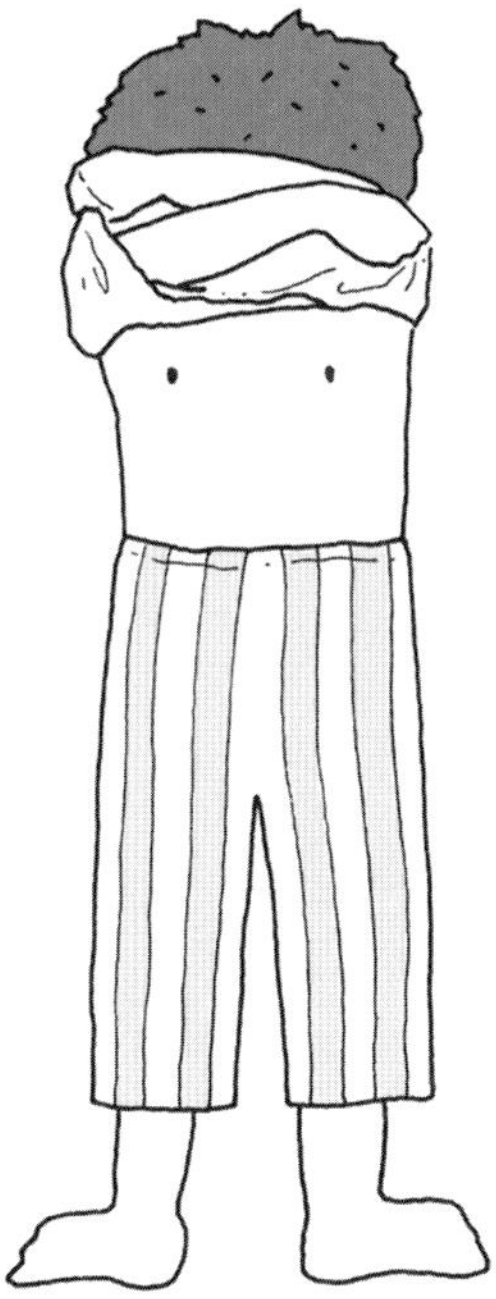

にわとり　ぬりえ　ねこ

にじ　ぬぐ　ねぎ

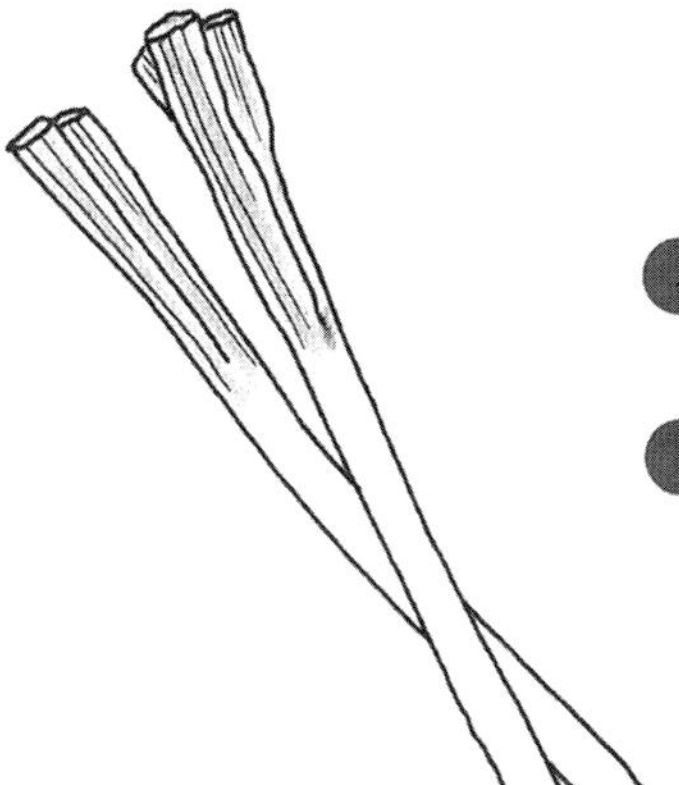

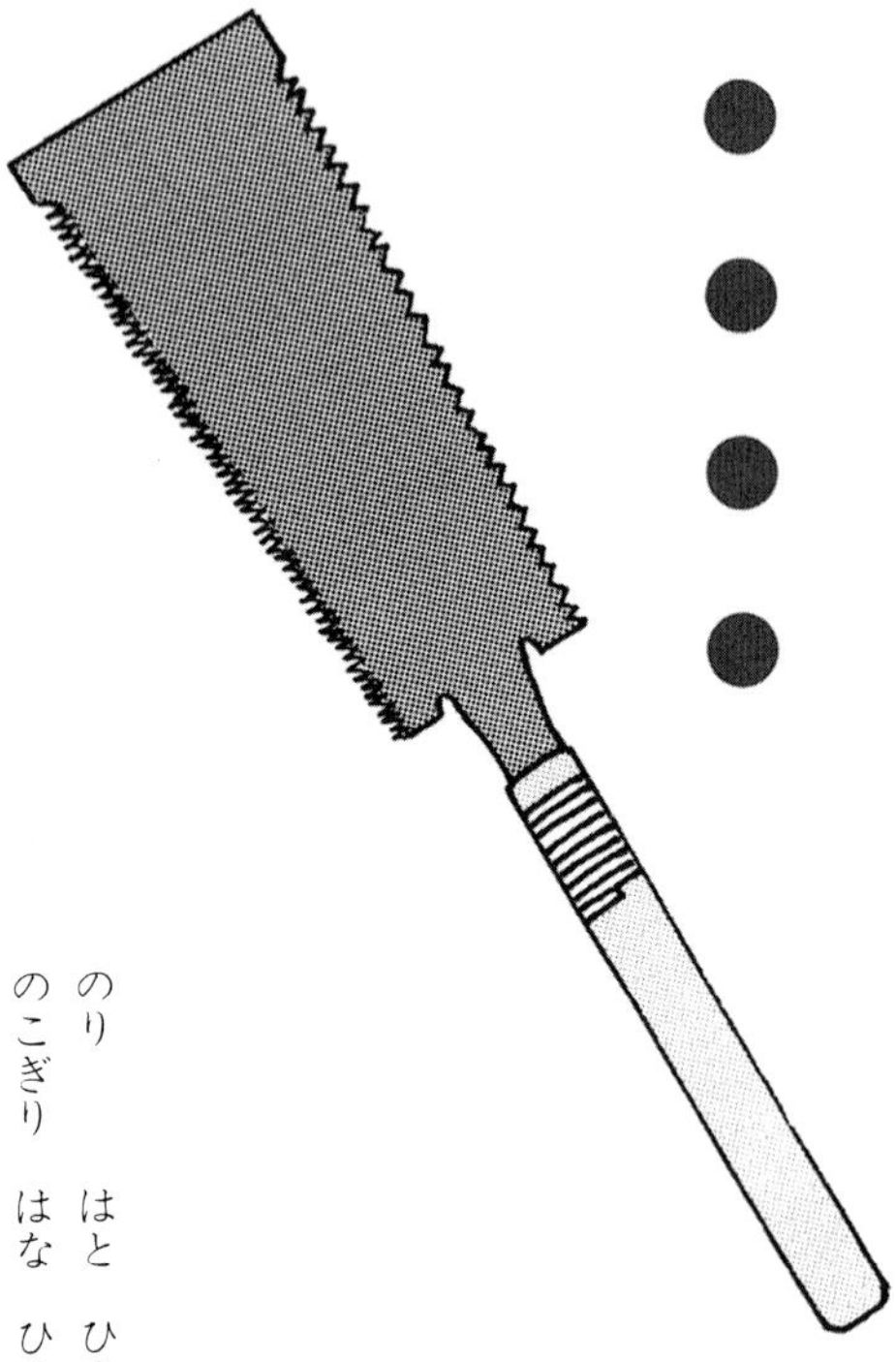

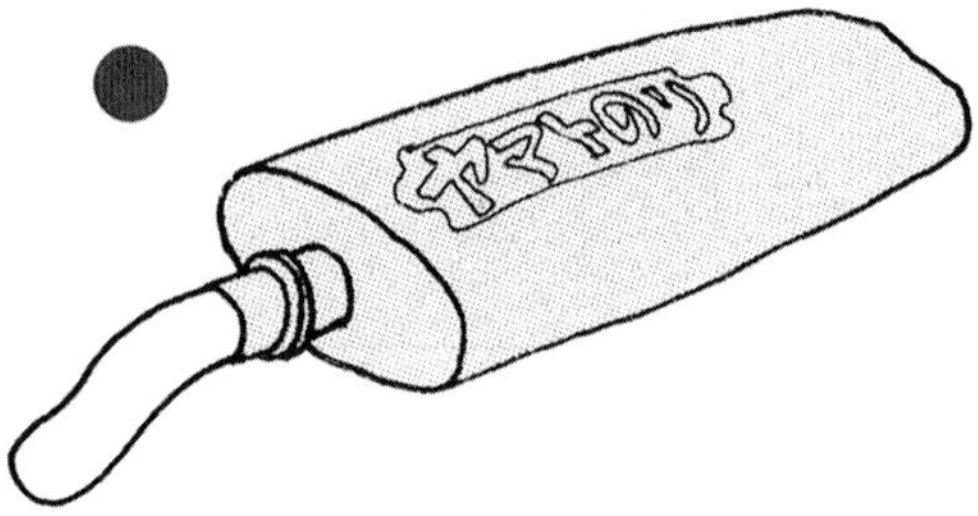

のり　はと　ひよこ
のこぎり　はな　ひきだし

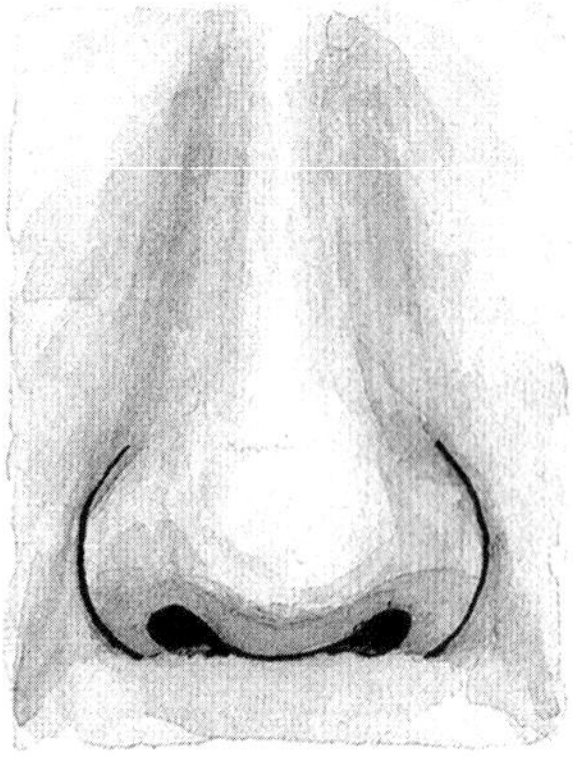

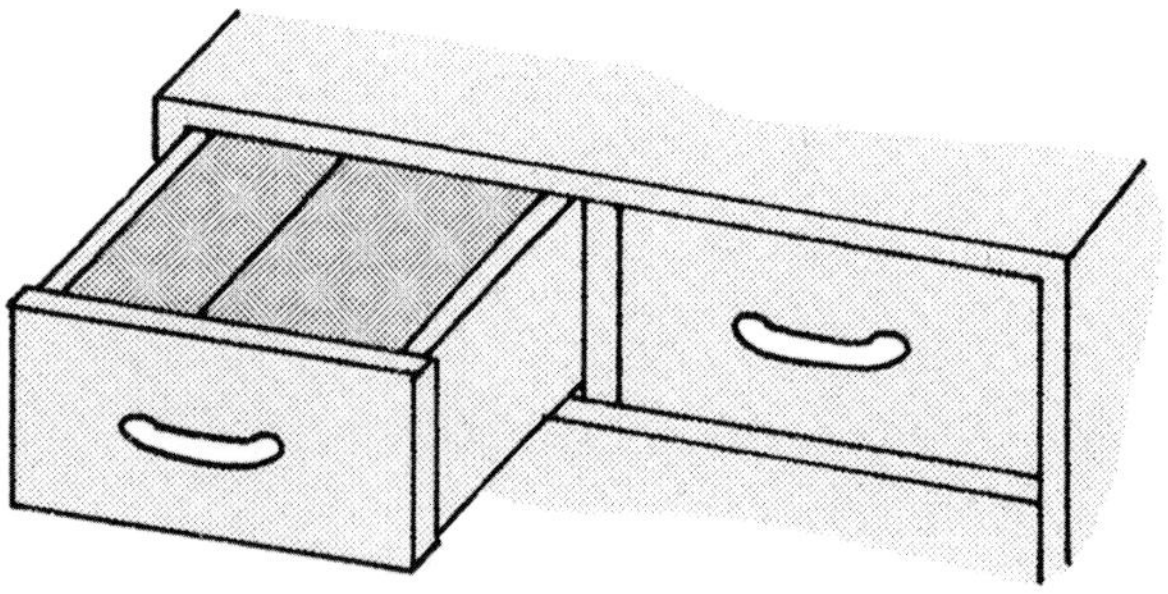

ふね　へちま　ほん
ふで　へそ　ほし

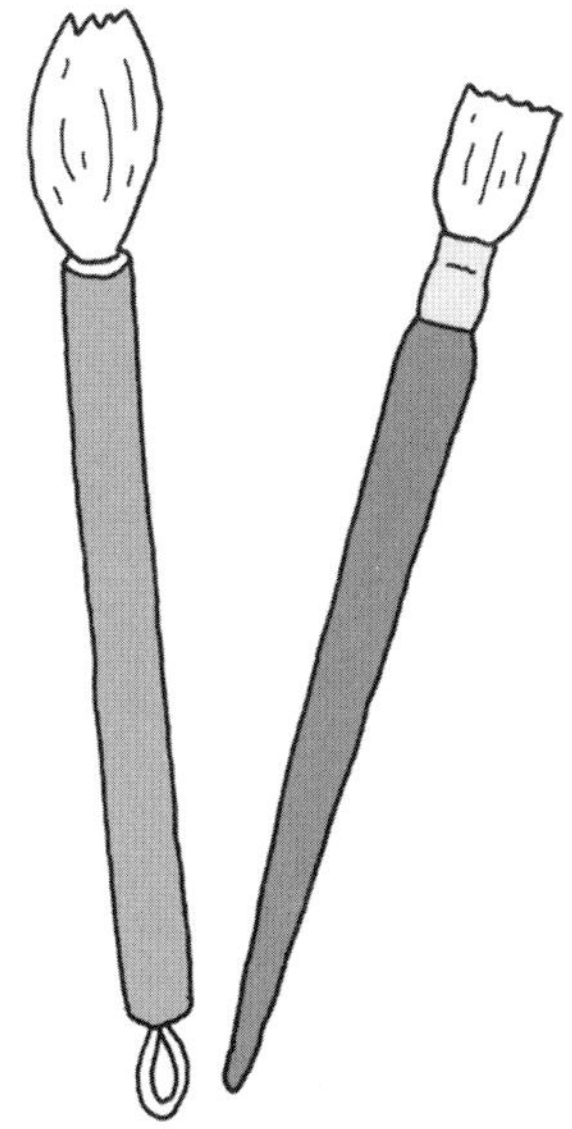

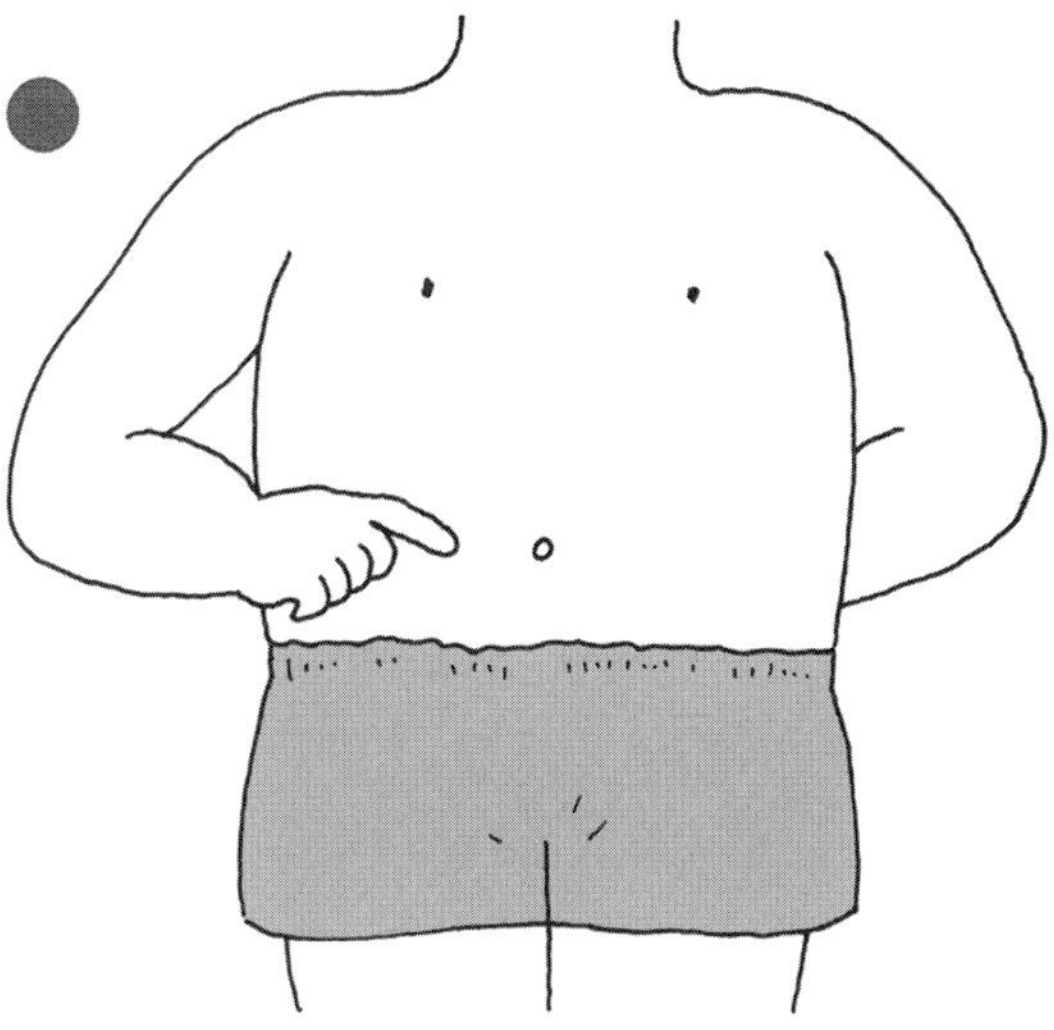

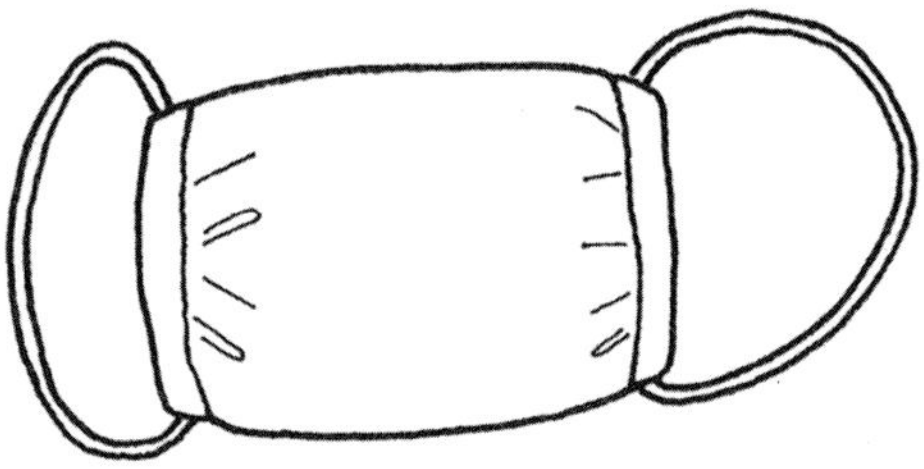

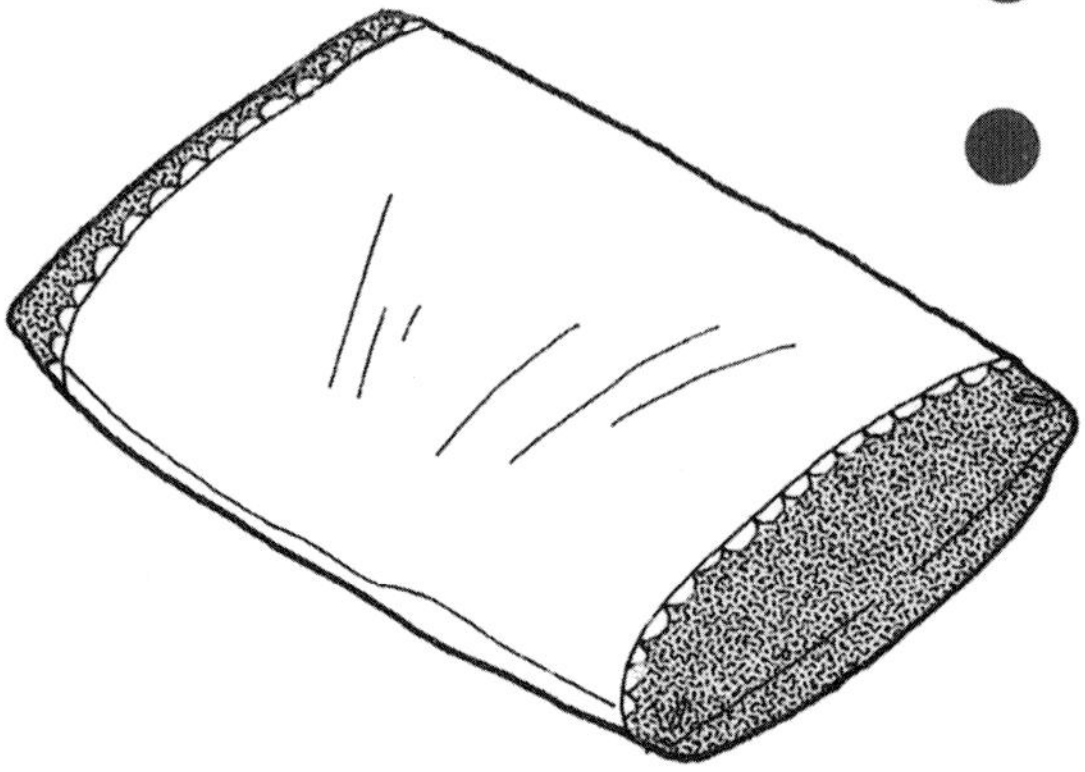

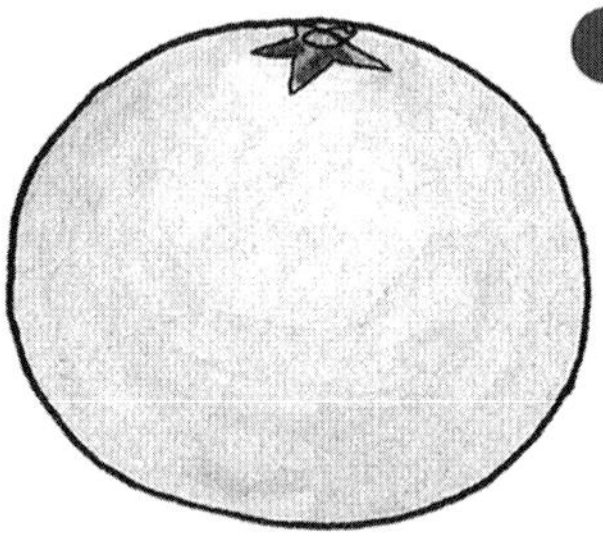

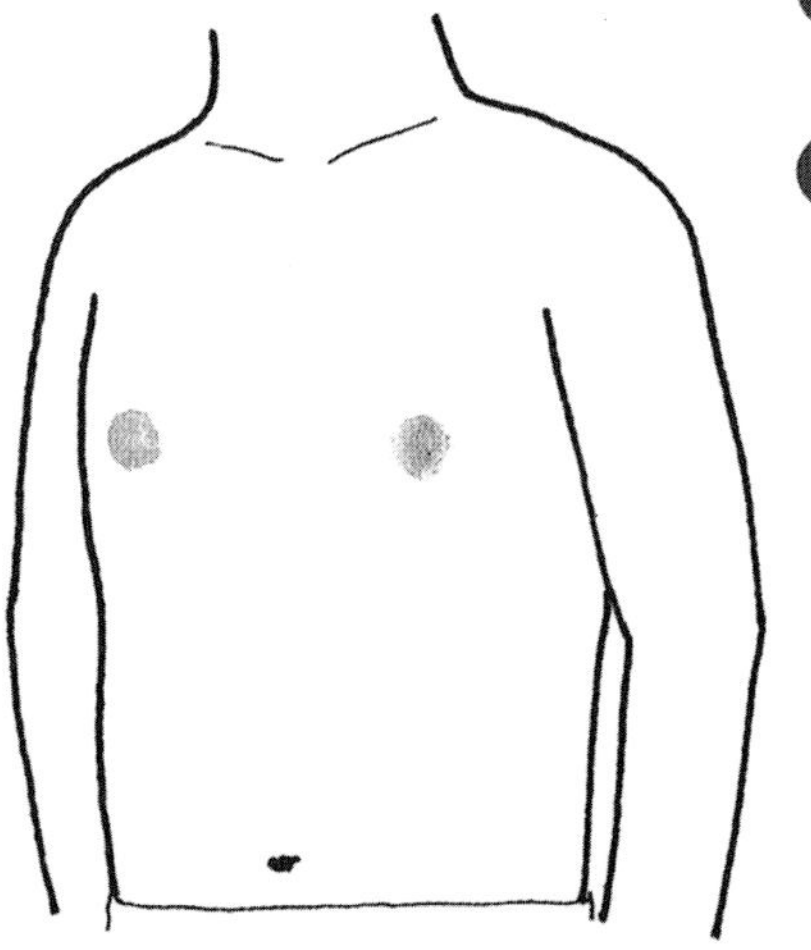

まくら　みかん　むね
マスク　みち　むしめがね

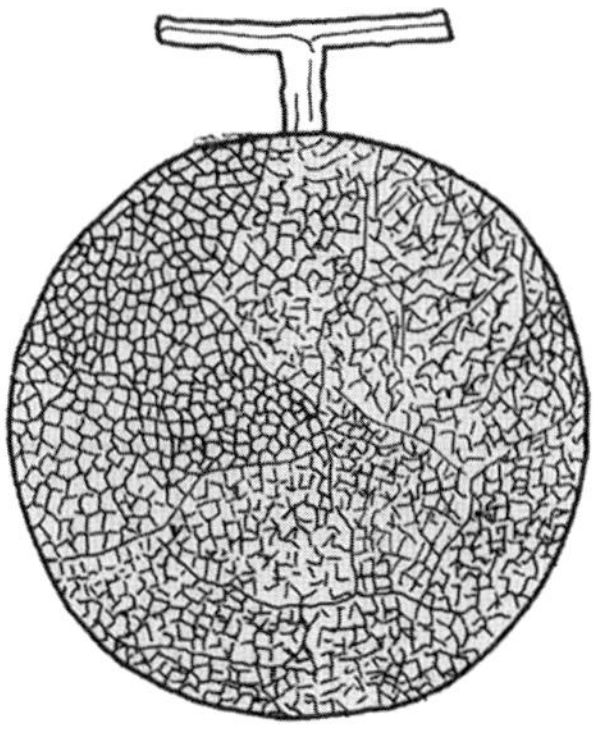

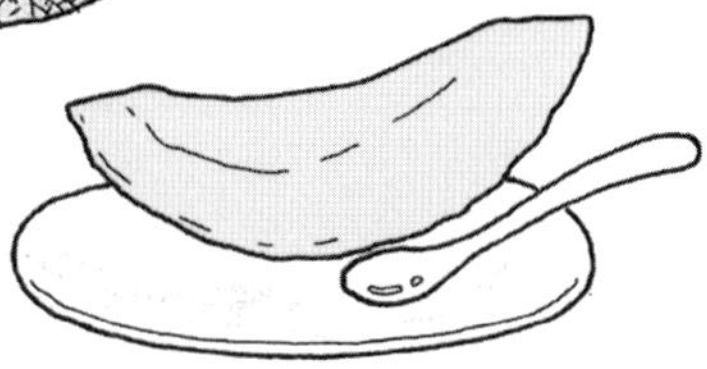

めがね　もち　やま
メロン　もん　やぎ

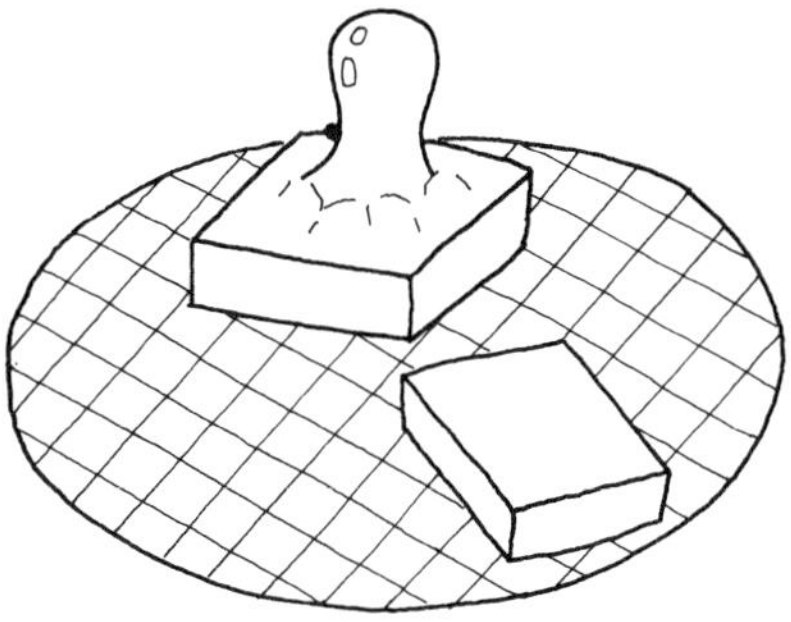

ゆり　よこづな　らくだ
ゆきだるま　よろい　ライオン

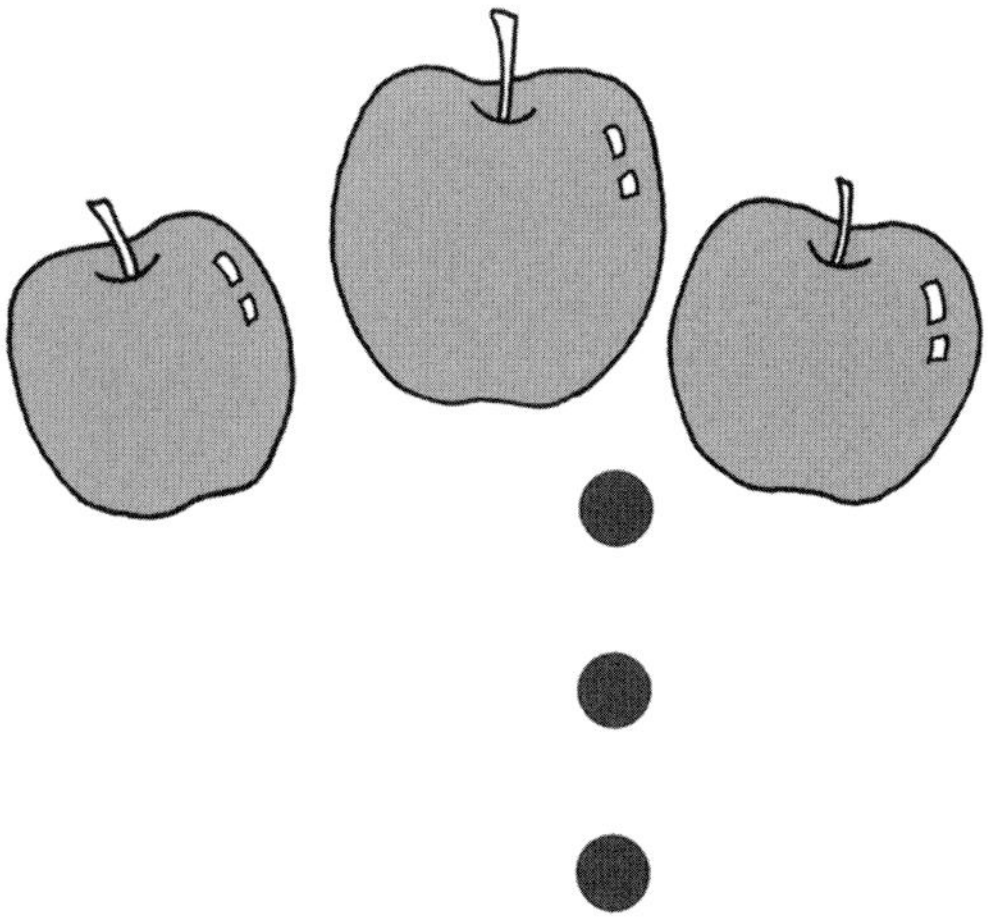

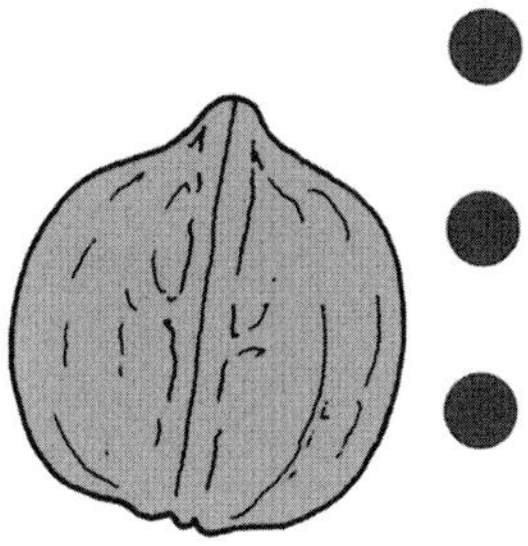

りす　くるみ　レモン
りんご　かえる　れんげ

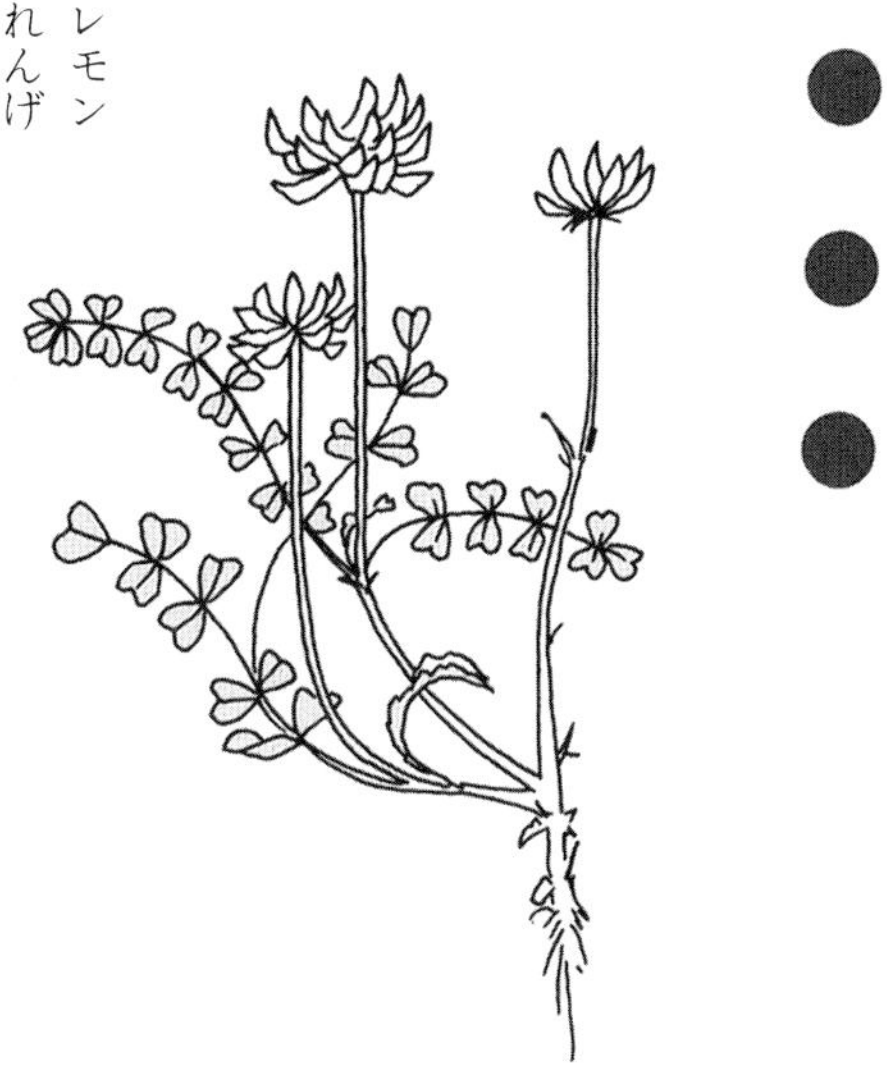

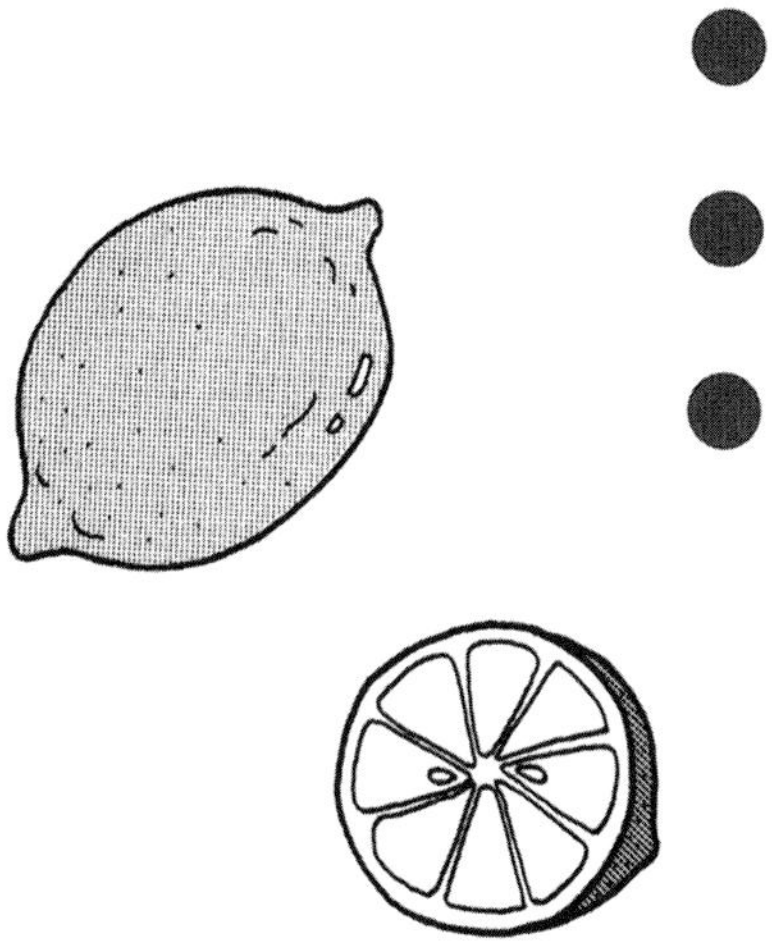

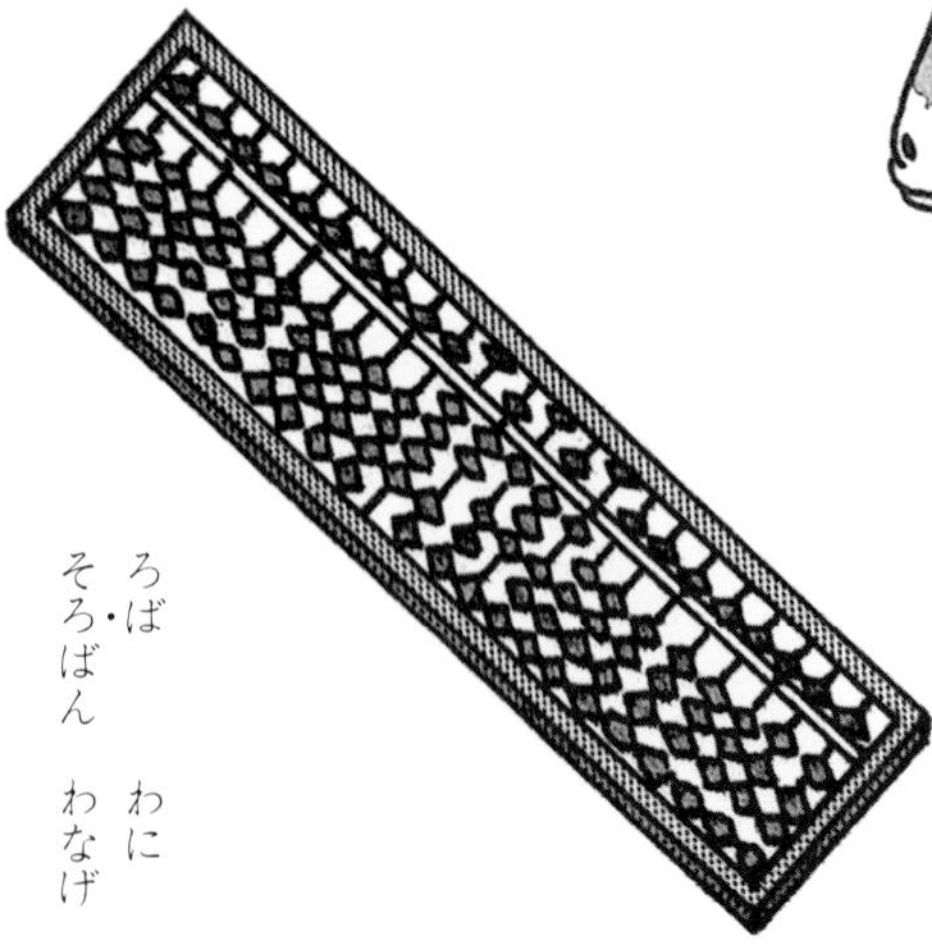

ろば　わに
・
そろばん　わなげ

これ　なあに⑤

がく　かぎ　ぐう・
ガラス　ぎんが　ふぐ

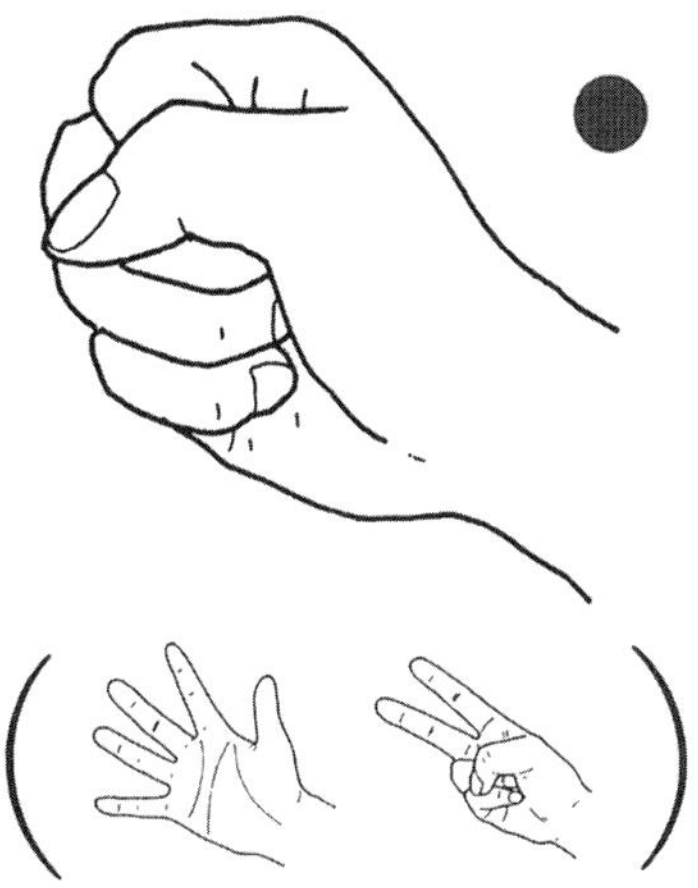

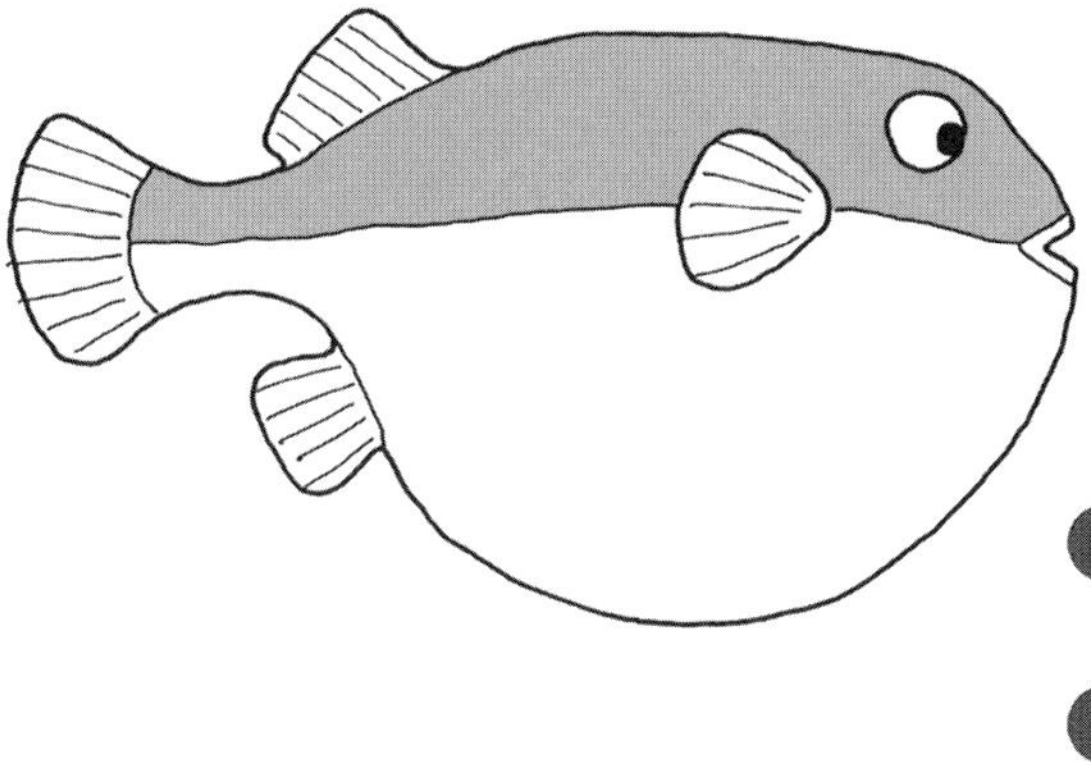

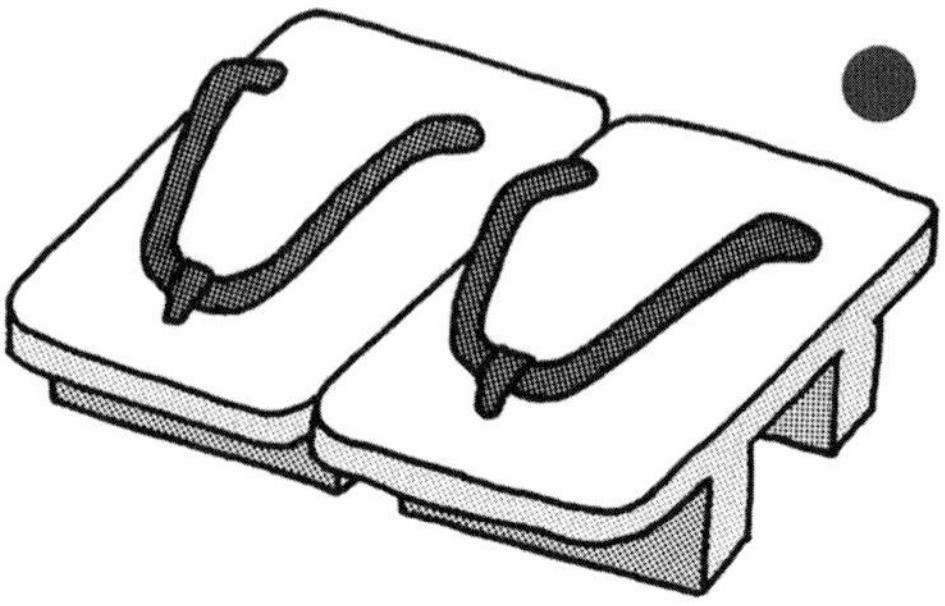

げた　ゴリラ　ざりがに
げんかん　ゴム　ざぶとん

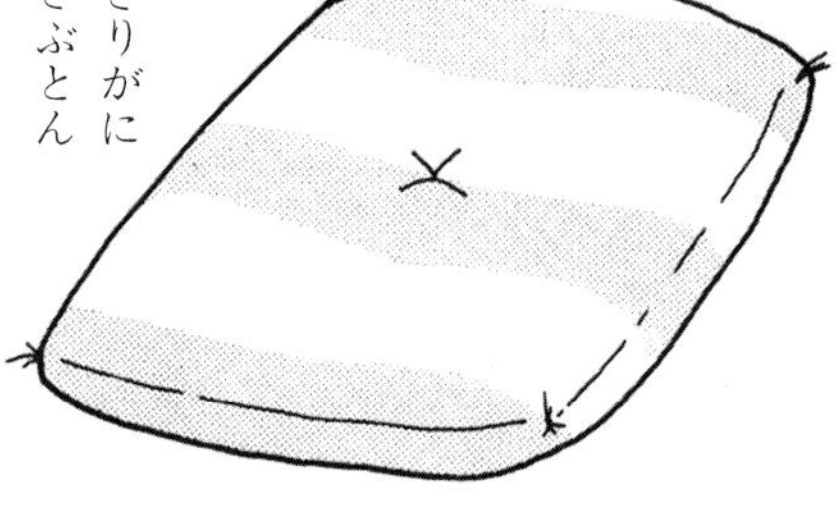

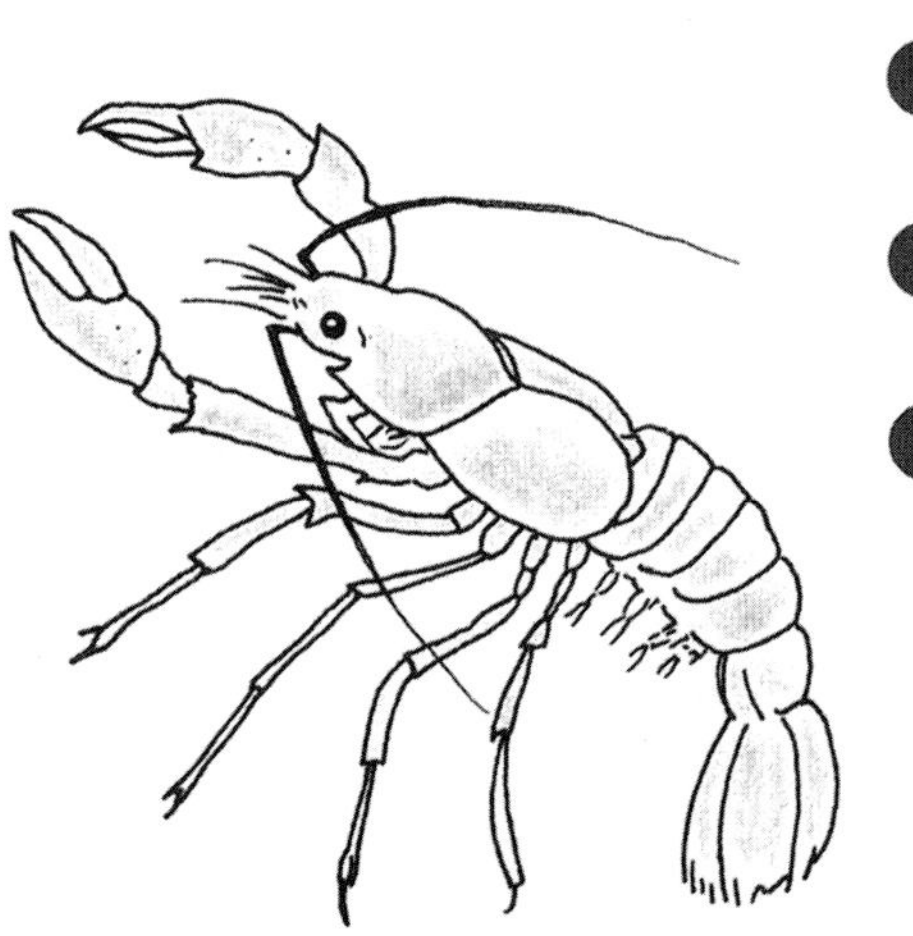

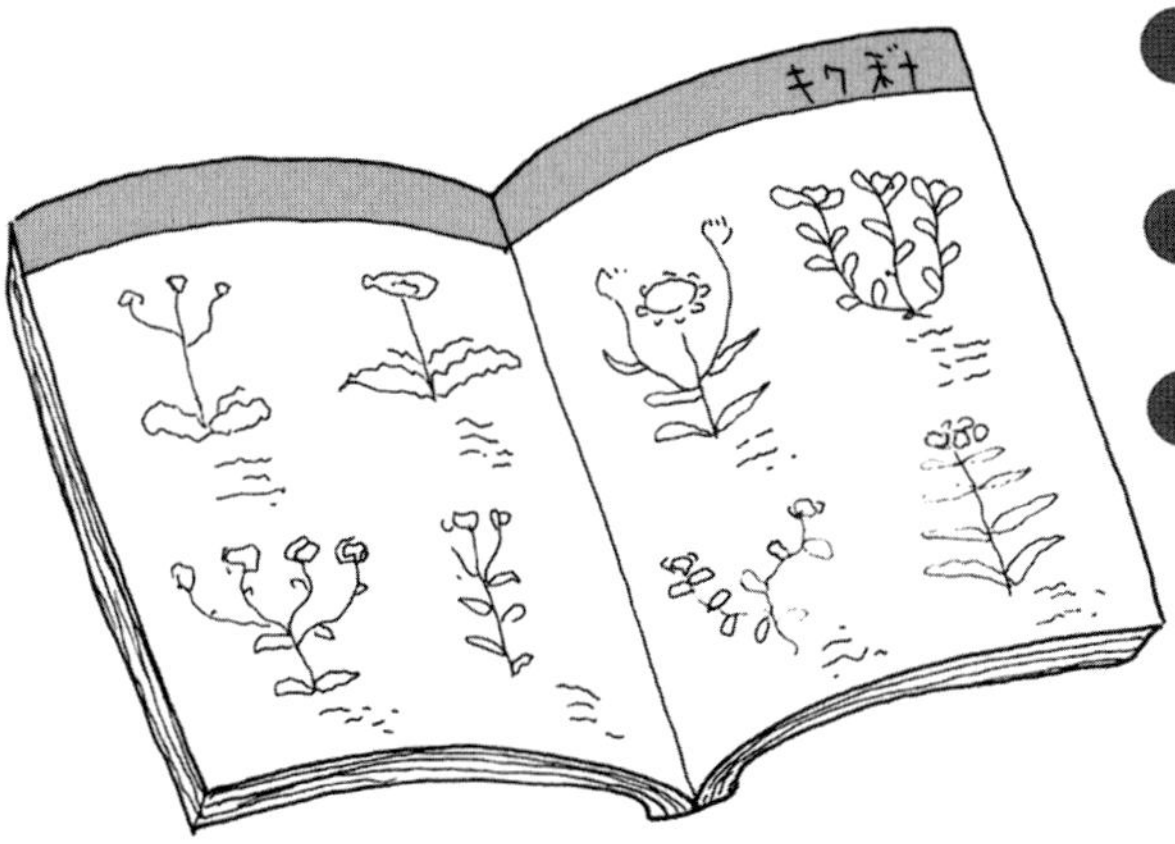

じこ　ずきん　かぜ
かじ　ずかん　ぜんまい

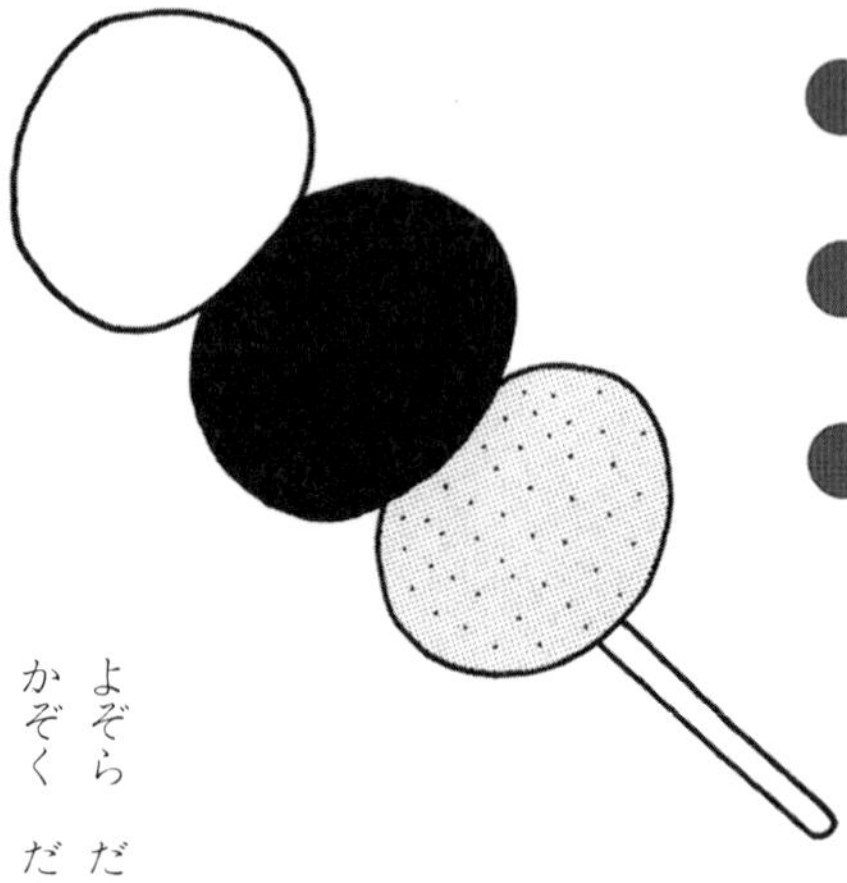

よぞら　だるま　でんわ

かぞく　だんご　でんち

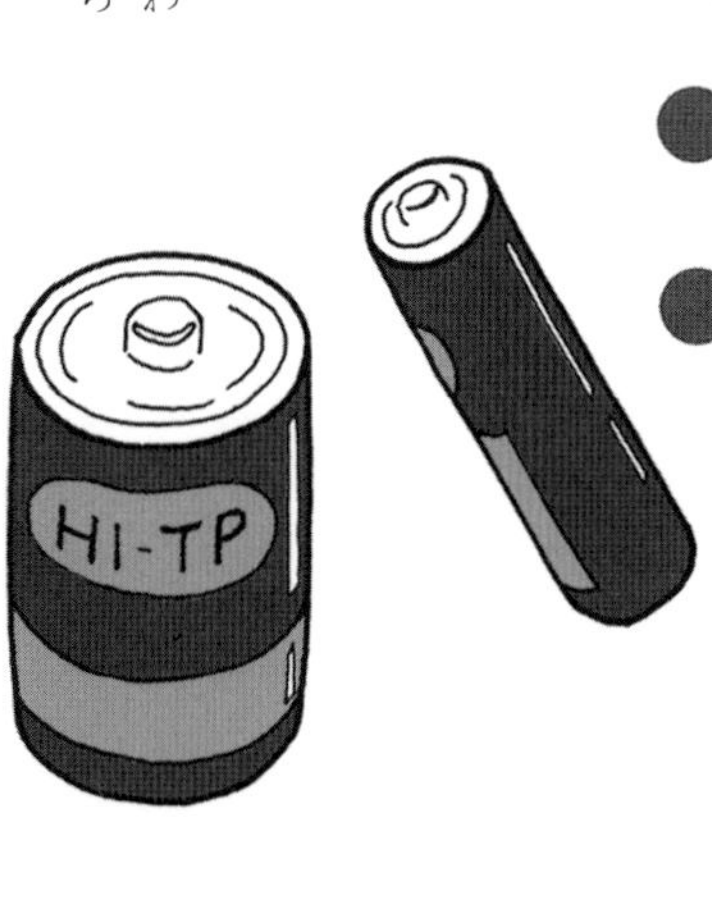

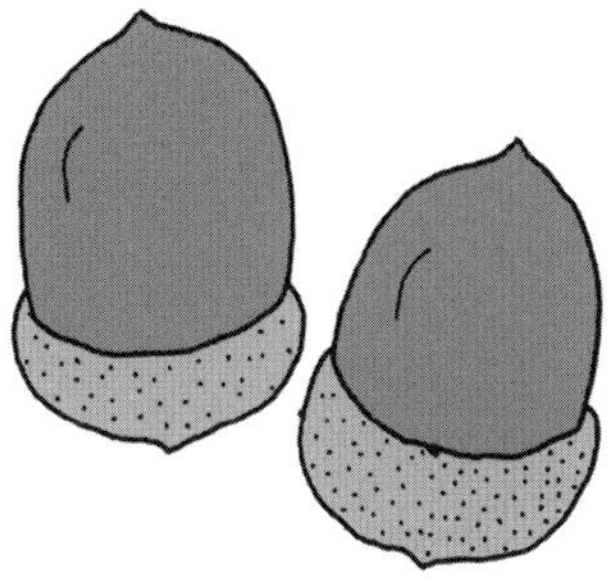

どんぐり　バス　びん
ドラエモン　バナナ　びわ

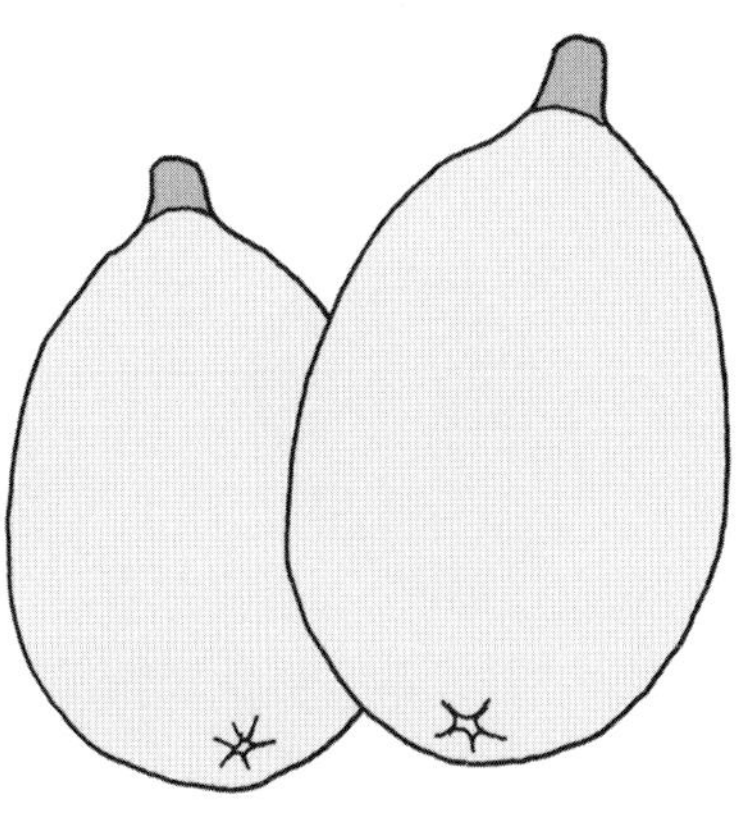

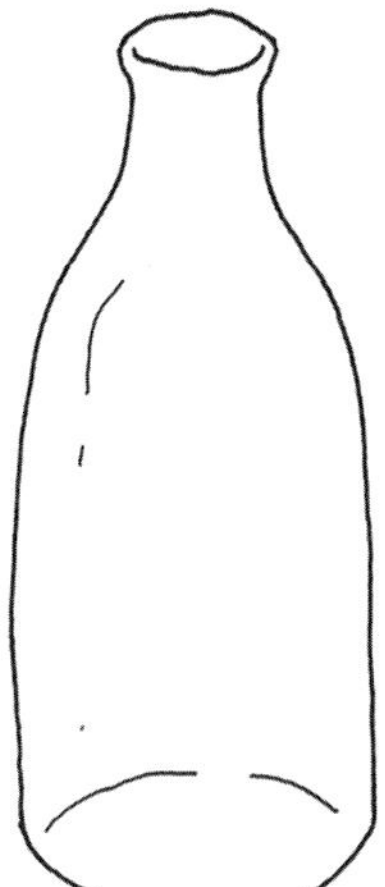

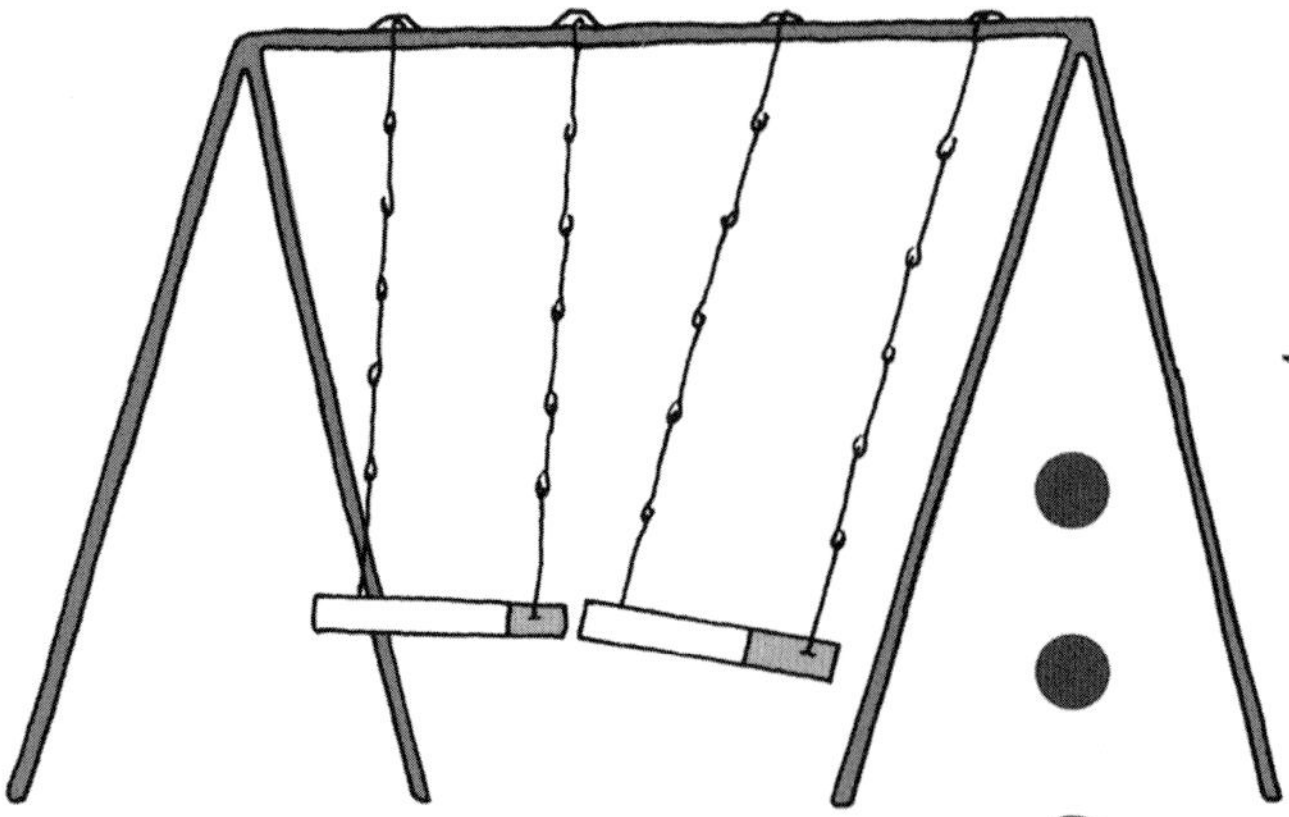

ぶた　ベンチ　ボタン
ぶらんこ　ベル　ぼんぼり

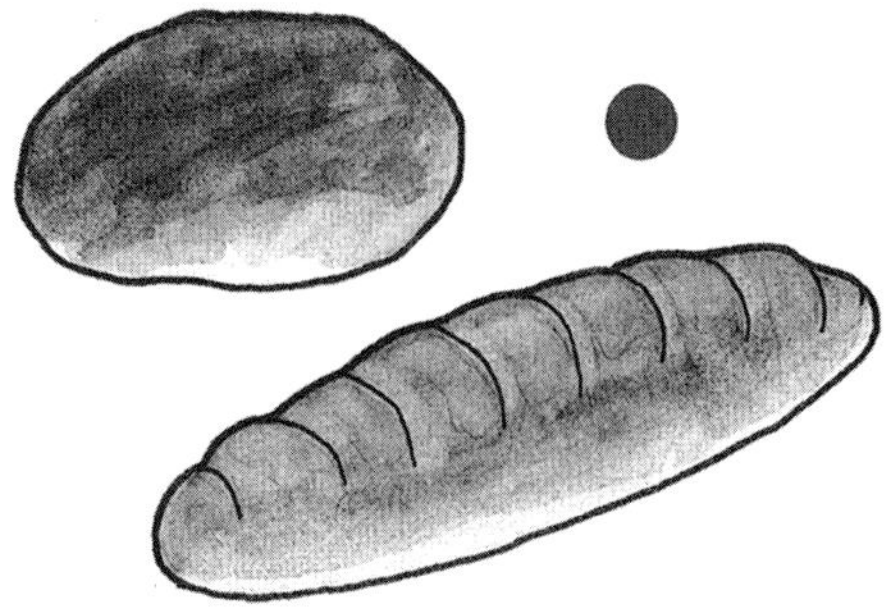

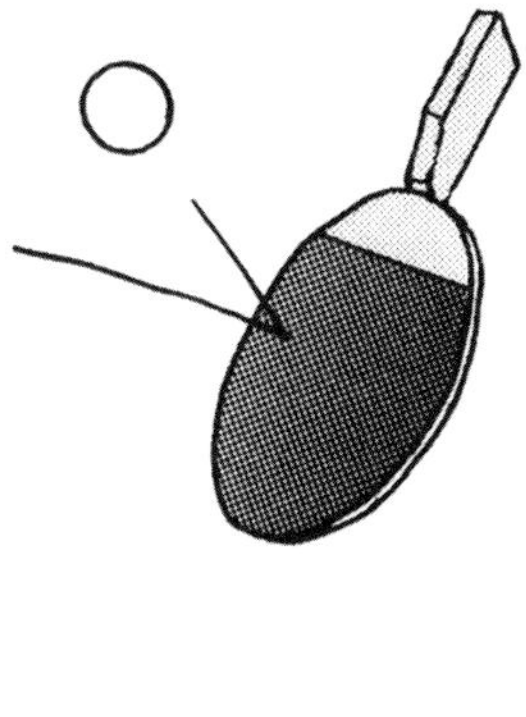

パン　ピアノ　プロペラ
パンダ　ピンポン　プラモデル

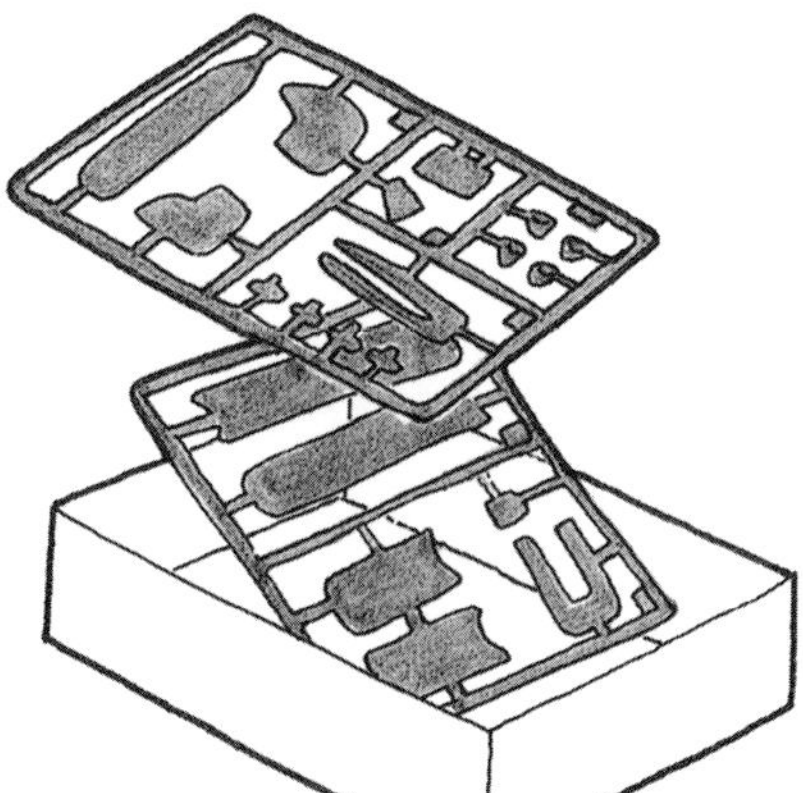

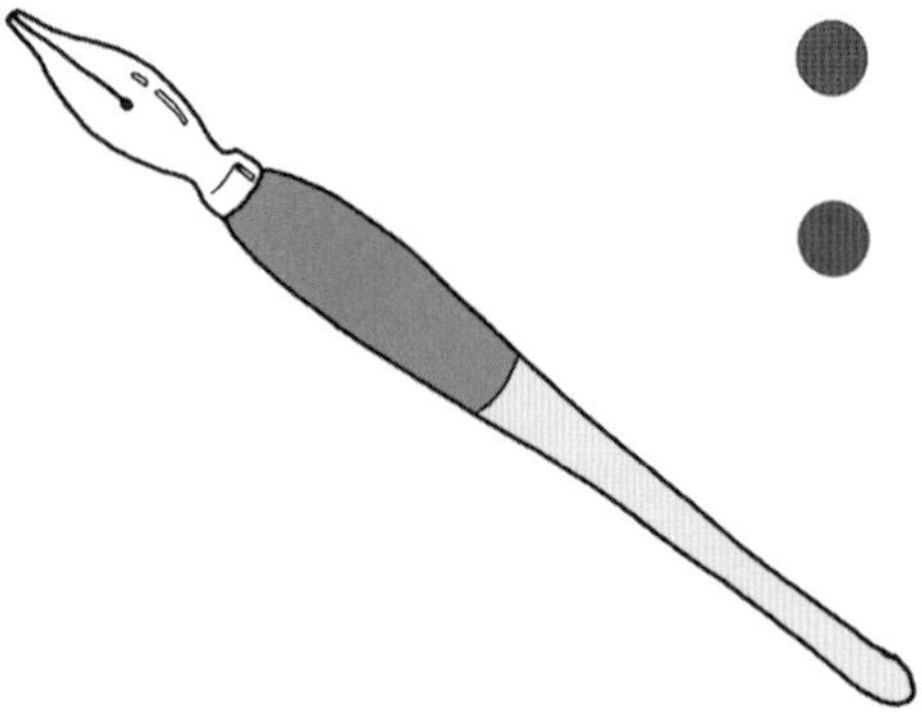

ペン
ペンギン
ポスト
ポンプ

うがいについて

(1)「カキクケコ」「ガキグゲゴ」(濁音と鼻濁音)は奥舌音です。のどの奥の方に力を入れて発音しなければなりません。この音節が「タチツテト」になる子どもの構音指導にはうがいが効果的です。長くうがいができるようになると奥舌音がきれいに発音できるようになります。長くうがいをさせるには、手をにぎって、体全部に力を入れてやらせ、しだいにのどの部分だけ力を入れてできるように指導します。

(2)なお、きれいに言える奥舌音のはいった単語をたくさん言っているうちにみんな上手に言えるようになるので、この構音指導とうがいをつづけながら、意欲的に話させていくようにします。

これなあに⑥

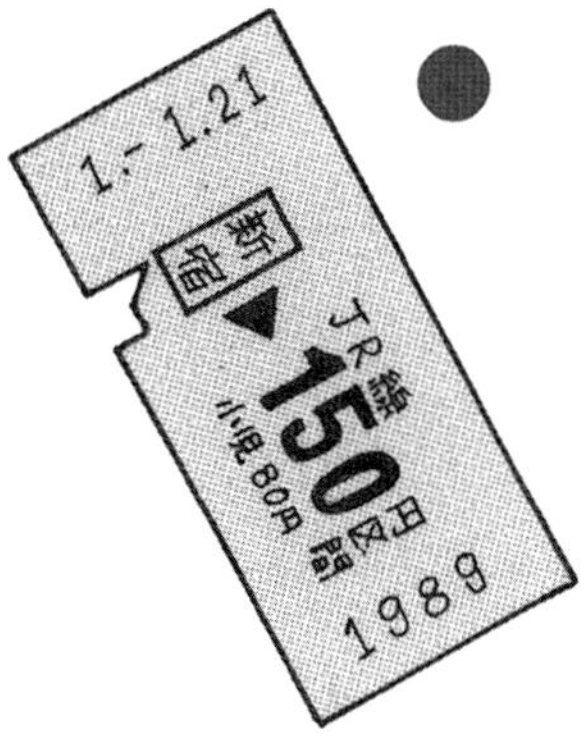

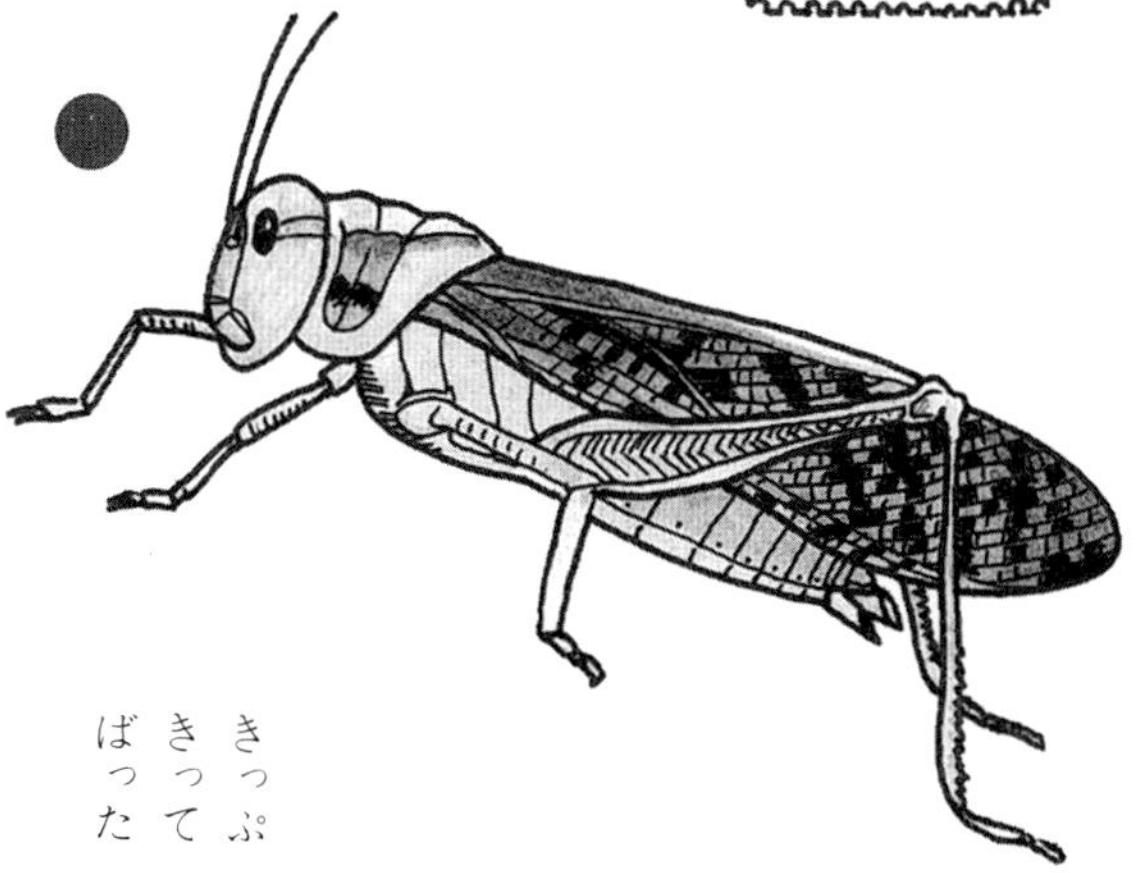

きっぷ　バット
きって　ざっし
ばった　コップ

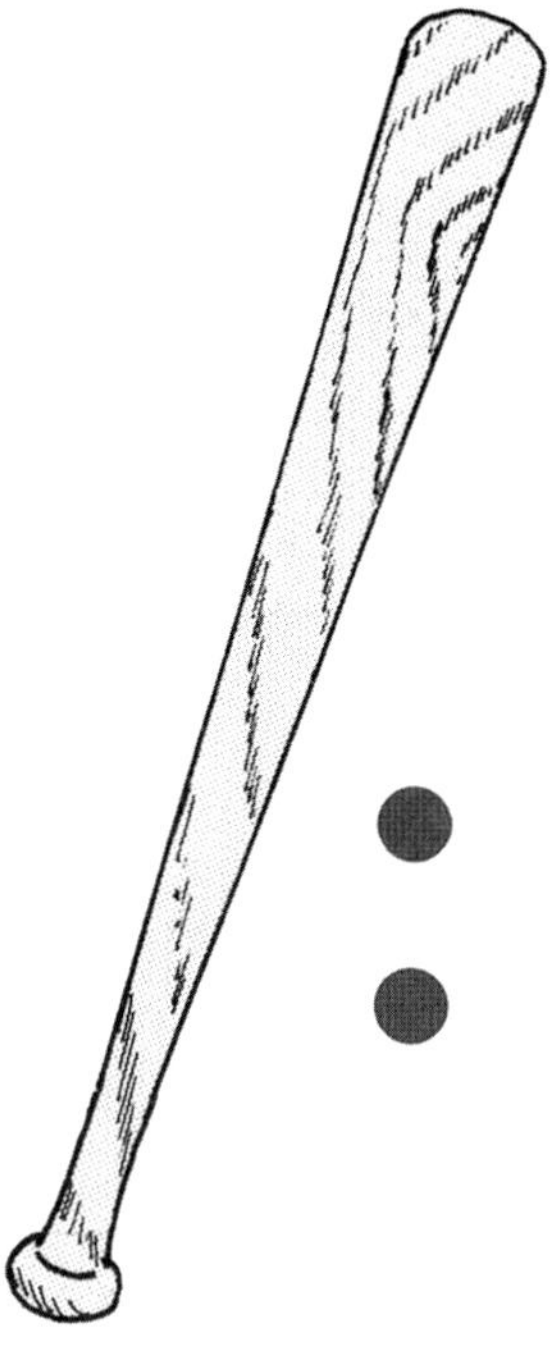

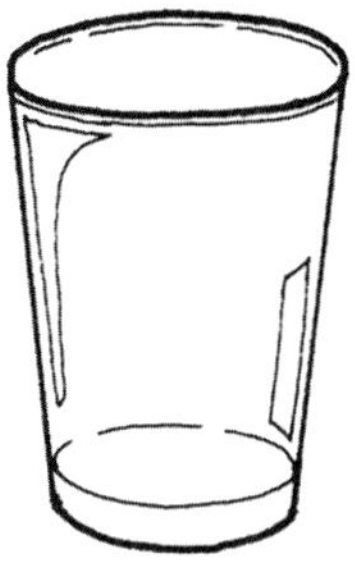

指導の展開

①促音の指導は「きっぷ」の場合「き」にアクセントをつけて力強く発音させます。そして、すばやく「ぷ」という音節を言わせるようにします。すると、促音の発音がうまくできます。「きって」も「ばった」も同じように指導します。

②「きっ」で一つの音節ですから黒い印を一つつけてあります。つづいて「て」で手を一つ打つので「きって」は二音節です。

③「ママ」を「アマ」、「だっこ」を「あっこ」、「おんぶ」を「おむ」、「きりん」を「ちんちん」と言ったりする子どもなどには、とくにたくさんしゃべらせるようにして、口の動きを器用にしながら、正しい発音を耳に入れていくようにします。

これ　なあに⑦

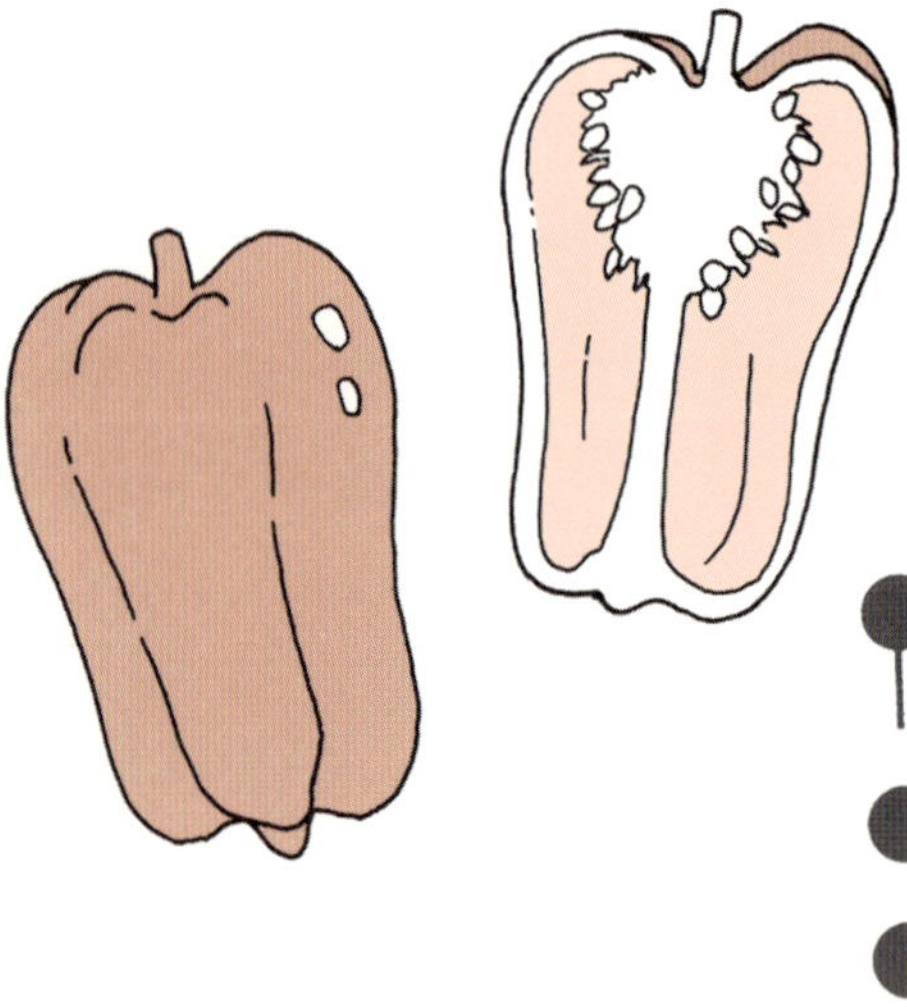

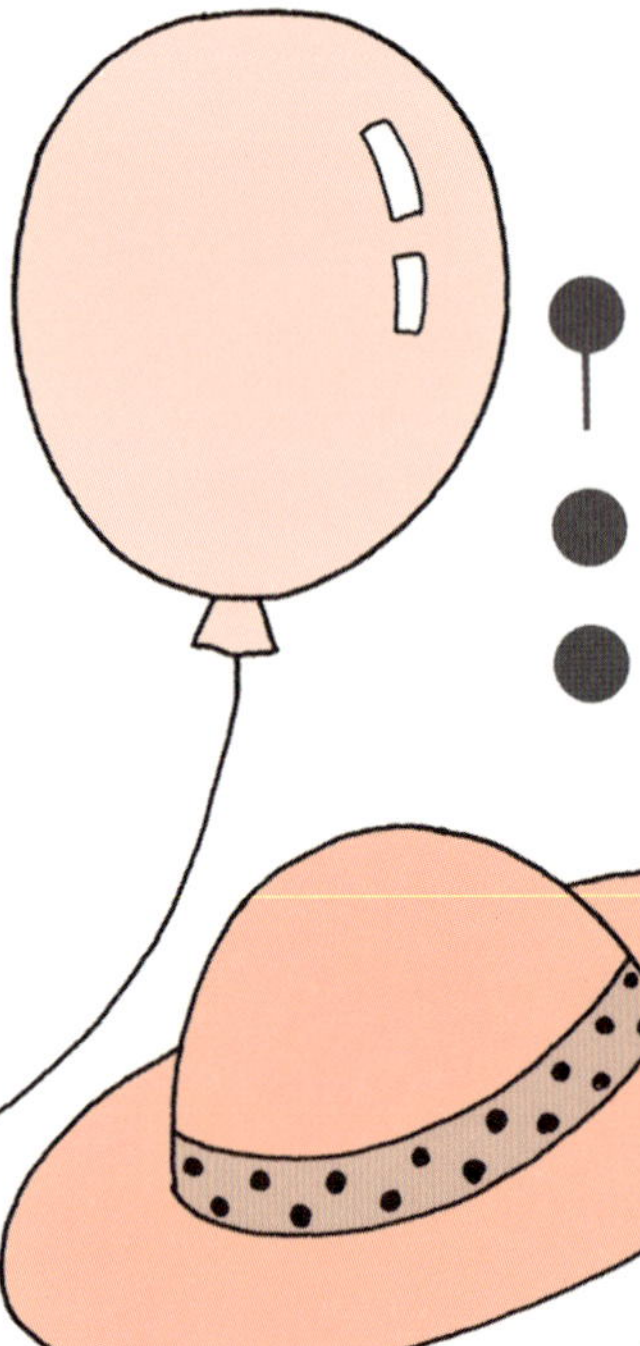

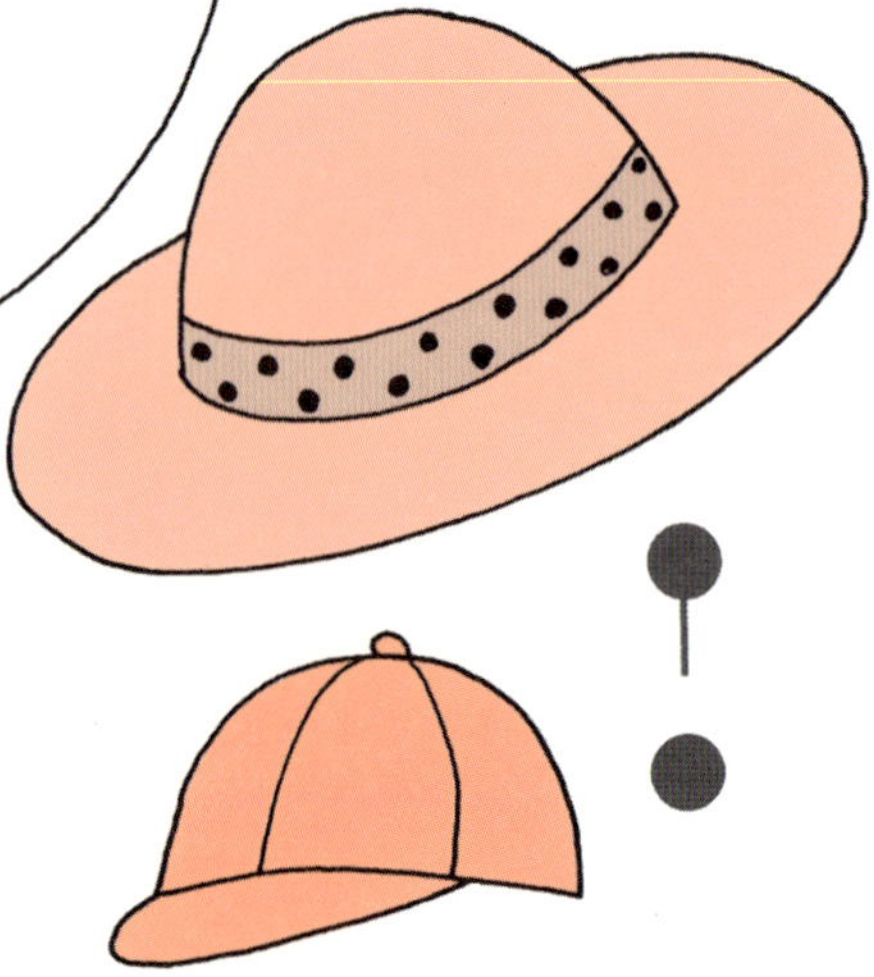

カーテン　ふうせん　ぼうし
ピーマン　ケーキ　おおかみ

指導の展開

①長音も一つの音節です。「カー」で一つ手を打って、少し間をおいて「テン」と二つ打ちます。この合図で「カーテン」を発音させます。

②長音の音節のしるしは「●—」としました。

これなあに⑧

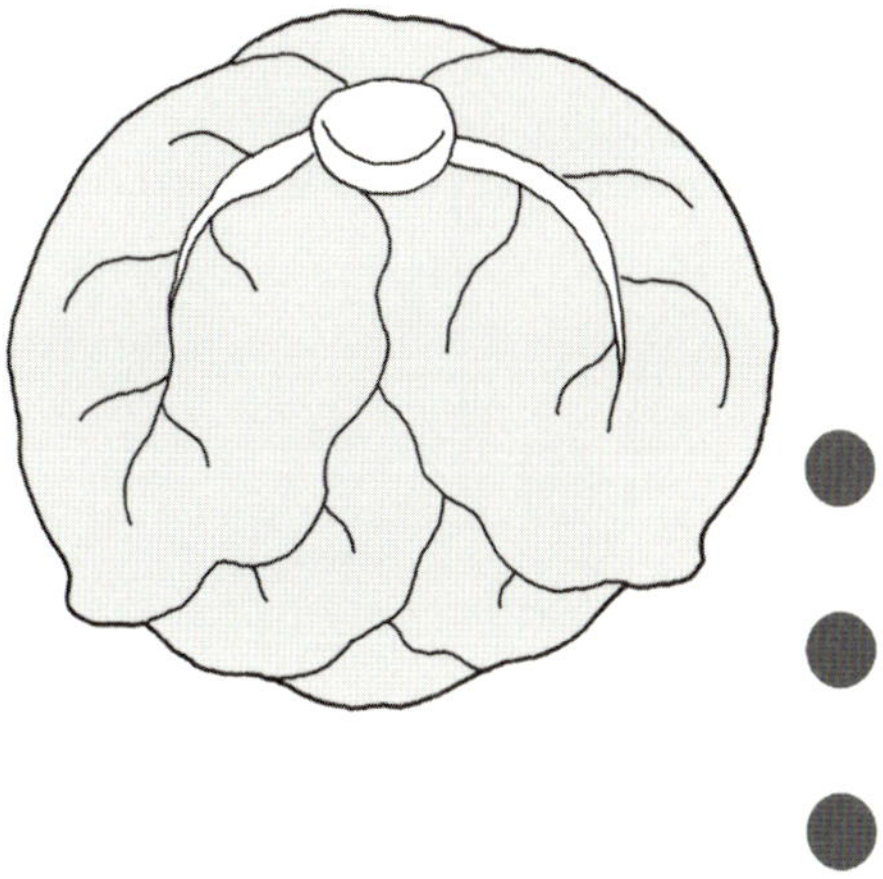

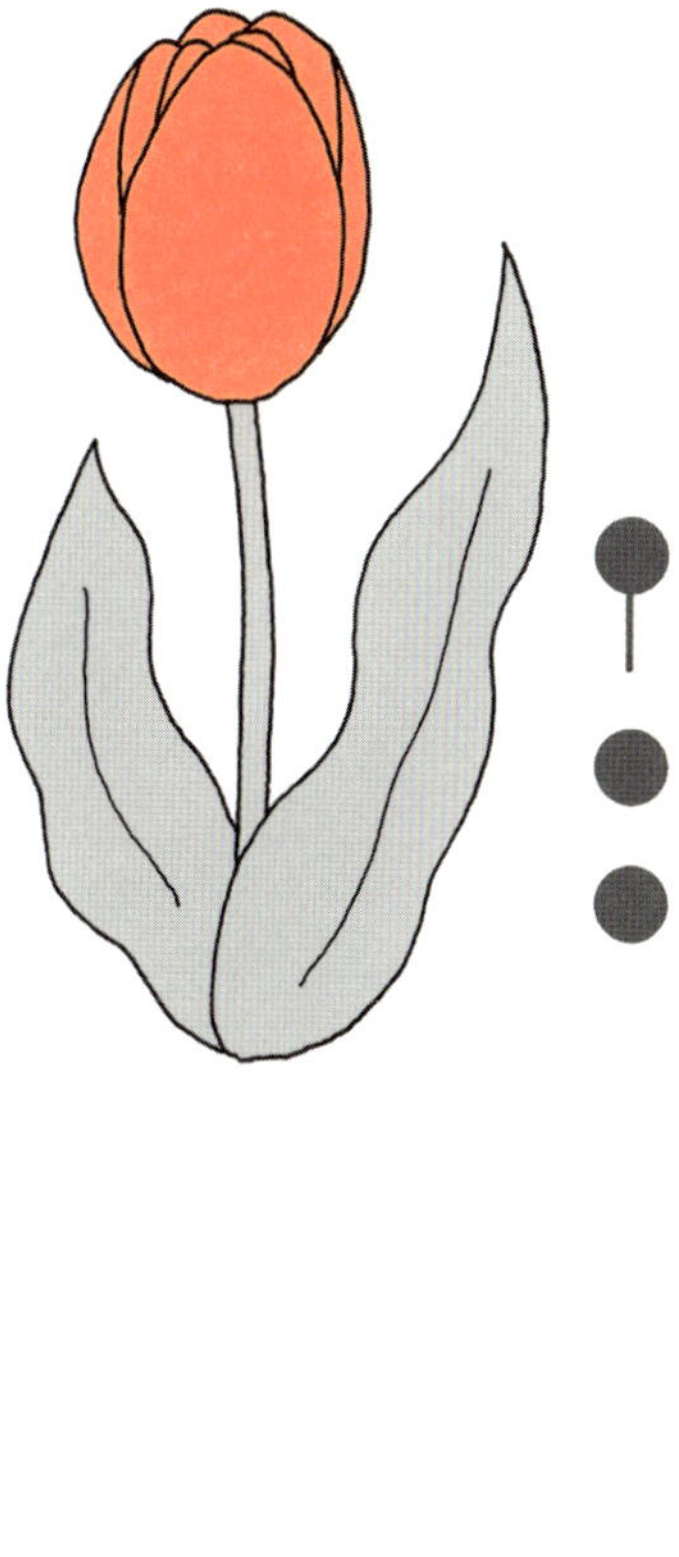

キャベツ　ちゃわん　チューリップ
シャツ　ひゃくえん　きゅうしょく

指導の展開

①拗音の「キャ」「シャ」「ちゃ」なども一音節です。だから黒い印を一つつけています。「チュー」や「きゅう」などの拗長音も、「ひょっ」「リュッ」などの拗促音も一音節です。

②拗長音には「●—」という印、拗促音には一つの黒い印をつけてあります。

③語頭音の発音指導を中心にして、スムーズに単語の発音ができるように配慮して、展開してください。

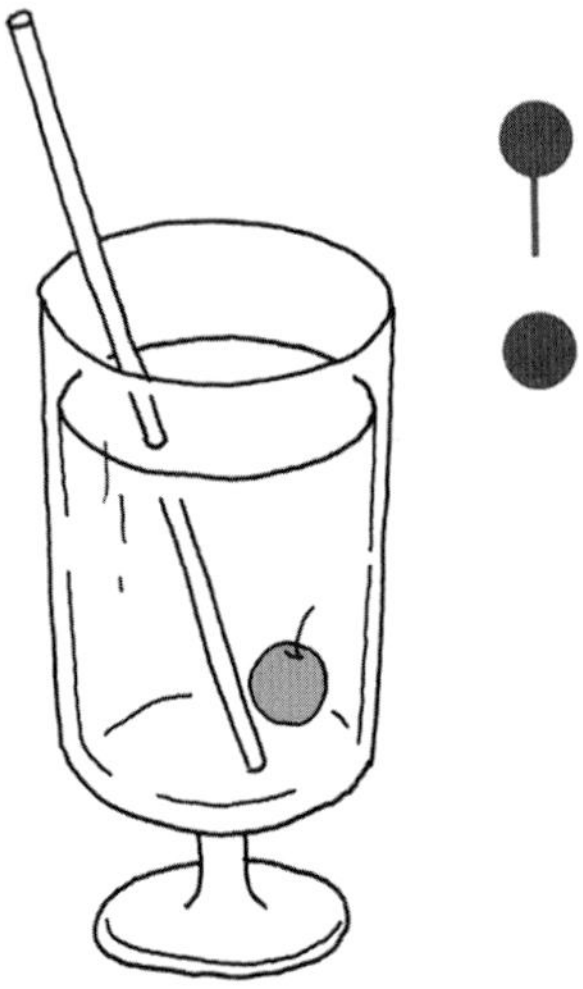

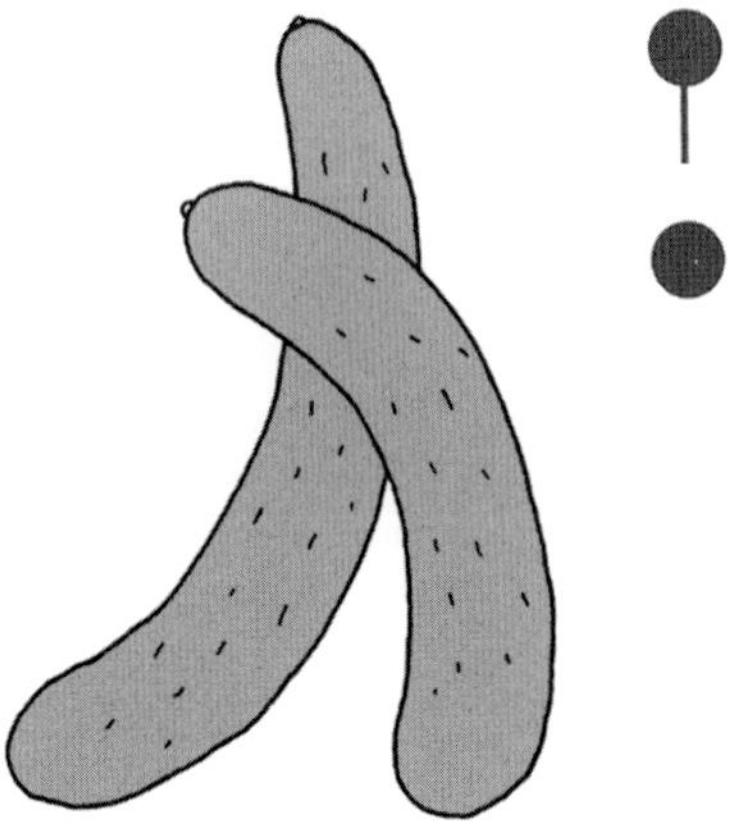

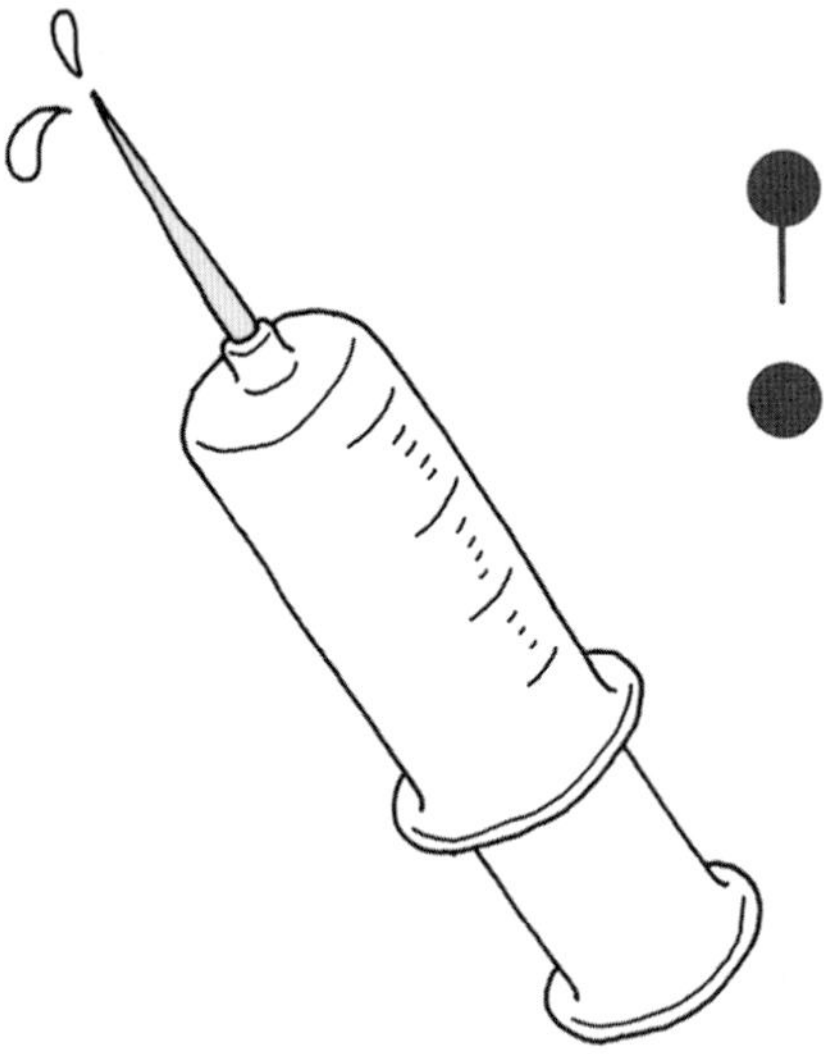

きゅうり　ちゅうしゃ　じょうろ
ジュース　ぎゅうにゅう　チョコレート

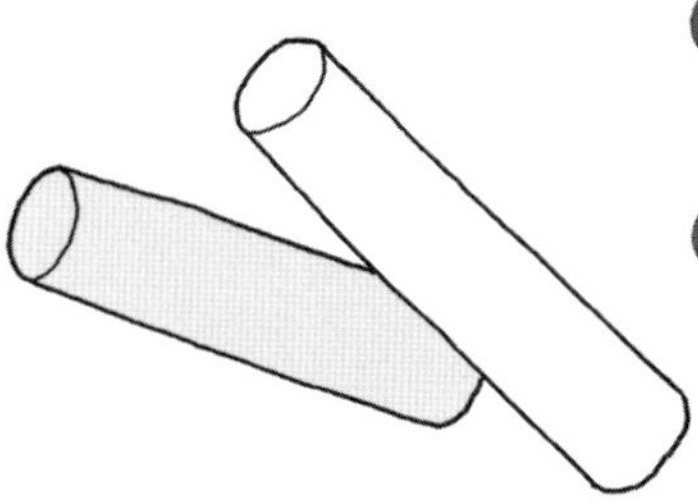

びょういん　ちょうちょう　ちょうちん
チョーク　ぎょうざ　びょうぶ

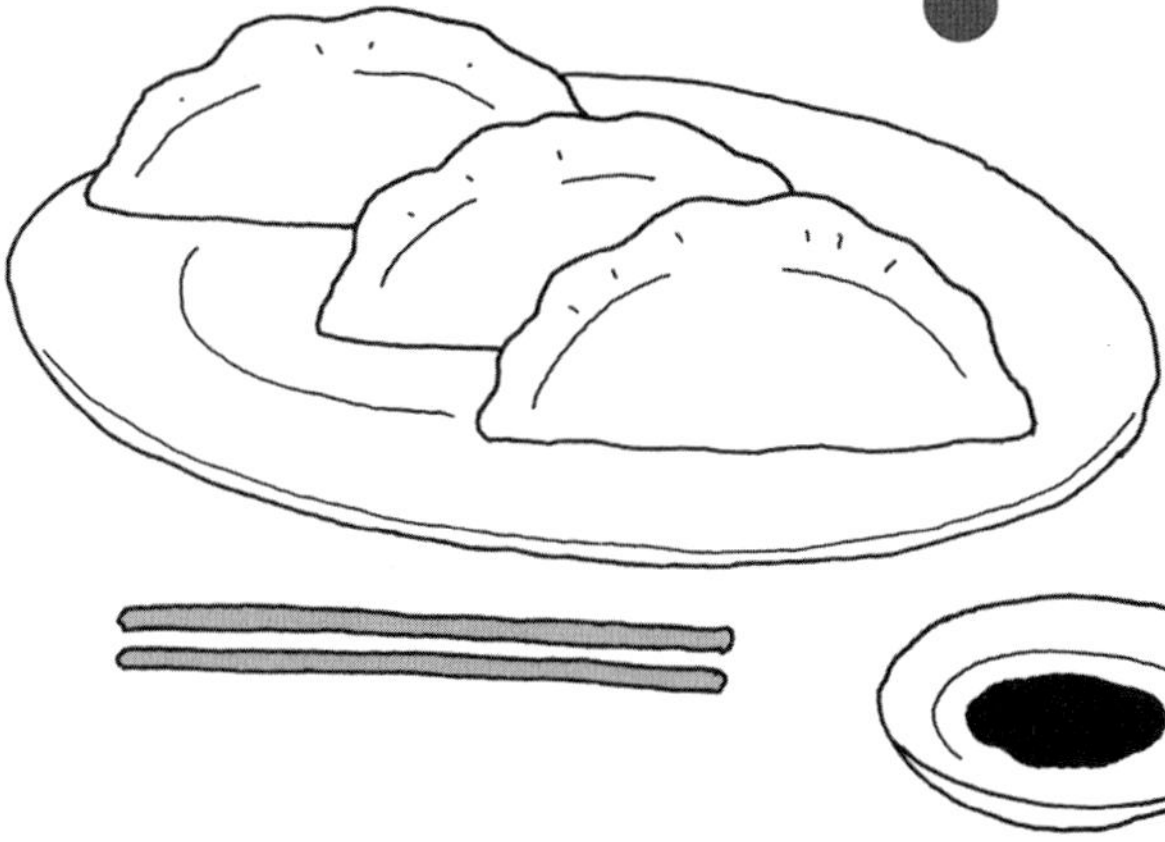

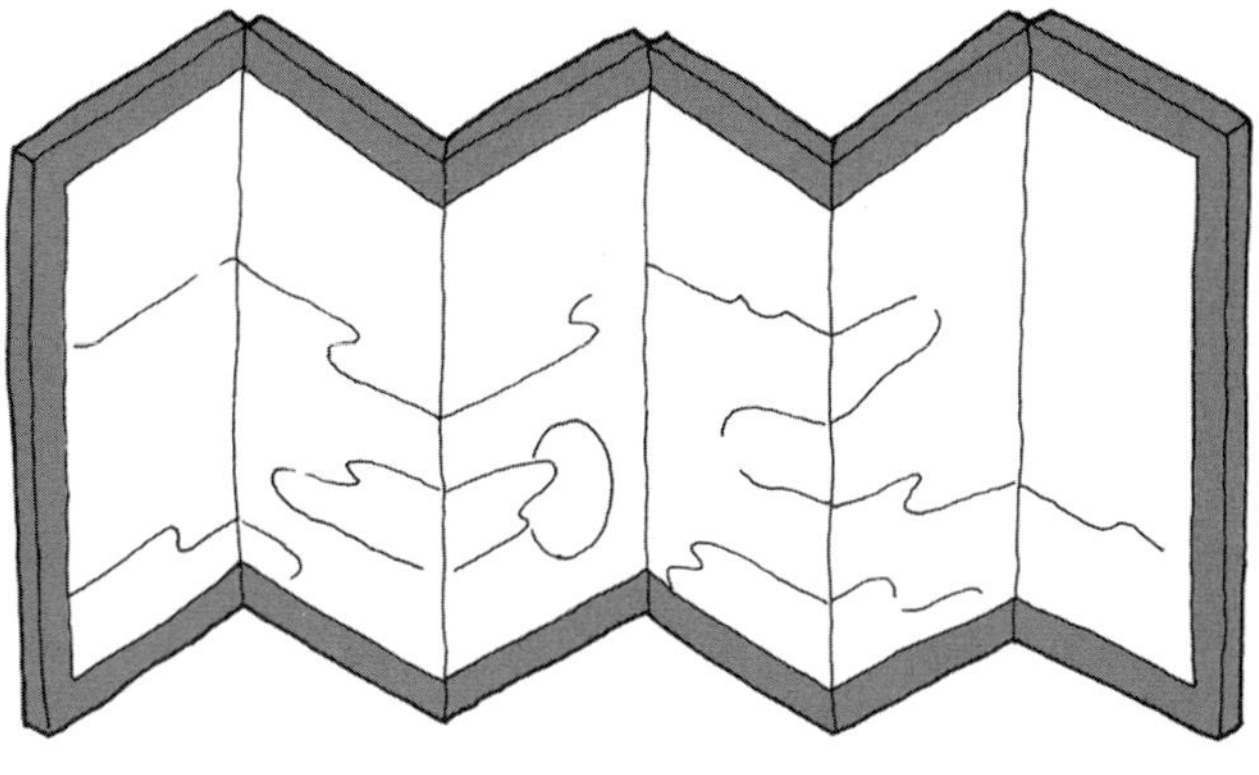

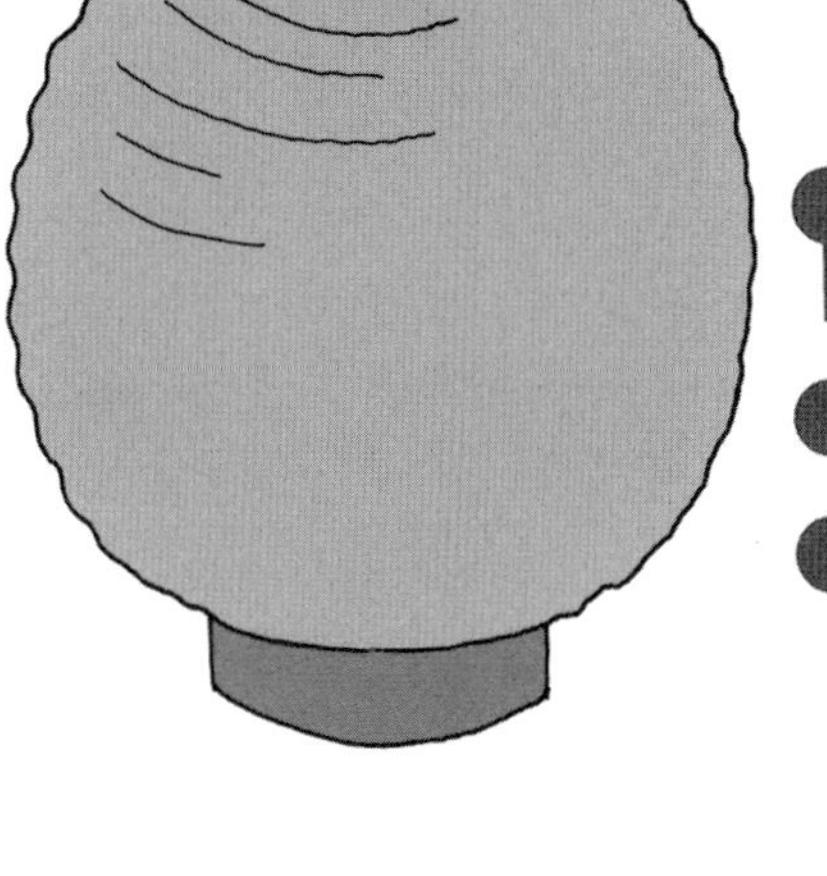

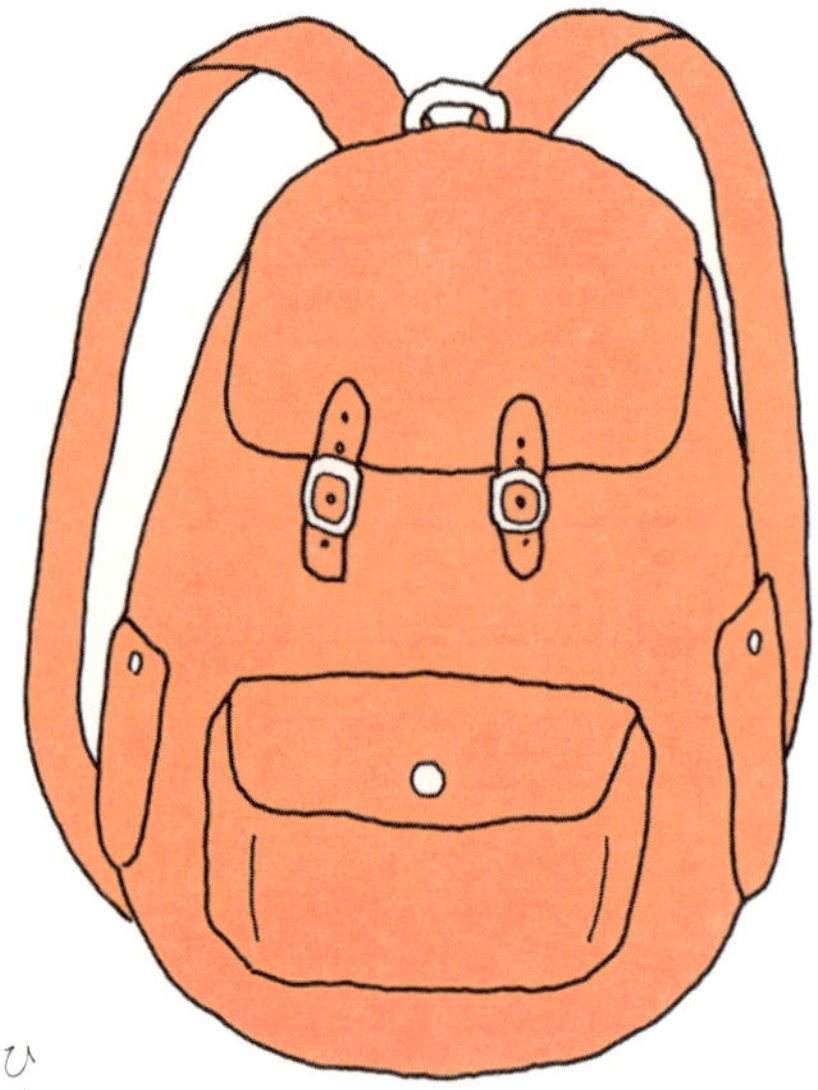

ひょっとこ　しょうぼうじどうしゃ
リュックサック　きょうりゅう

なにが　あるかな

指導の展開

①「何があるかな」「何がいるかな」と聞いていろいろと答えさせます。

②一人で言わせたり、みんなで言ったりしてきれいな発音にします。

発音到達表（発音できたものに○印をつける）

氏名（　　　　　　　　）

音　節	反復音	自発音
あ		
い		
う		
え		
お		
か		
き		
く		
け		
こ		
さ		
し		
す		
せ		
そ		
た		
ち		
つ		
て		
と		
な		
に		
ぬ		
ね		
の		
は		
ひ		
ふ		
へ		
ほ		
ま		
み		
む		
め		
も		
や		
ゆ		
よ		
ら		
り		
る		
れ		
ろ		
わ		
ん		
が		
ぎ		
ぐ		
げ		
ご		
ざ		
じ		
ず		
ぜ		
ぞ		
だ		
で		
ど		
ば		
び		
ぶ		
べ		
ぼ		
ぱ		
ぴ		
ぷ		
ぺ		
ぽ		
きゃ		
きゅ		
きょ		
しゃ		
しゅ		
しょ		
ちゃ		
ちゅ		
ちょ		
にゃ		
にゅ		
にょ		
ひゃ		
ひゅ		
ひょ		
みゃ		
みゅ		
みょ		
りゃ		
りゅ		
りょ		
ぎゃ		
ぎゅ		
ぎょ		
じゃ		
じゅ		
じょ		
びゃ		
びゅ		
びょ		
ぴゃ		
ぴゅ		
ぴょ		
ファ		
フィ		
フェ		
フォ		
ティ		
ディ		